Personale Kompetenzen in der Frühpädagogik

Michaela S. Müller

Personale Kompetenzen in der Frühpädagogik

Video-Interaktions-Analysen zur
Qualifizierung der Krippenbetreuung

Michaela S. Müller
Regen, Deutschland

Dieses Werk zum Thema Förderung personaler Kompetenzen entstand im Rahmen von maps (Master of Arts: Advanced Professional Studies) an der Fachhochschule Potsdam.

ISBN 978-3-658-06851-6   ISBN 978-3-658-06852-3 (eBook)
DOI 10.1007/978-3-658-06852-3

Die Deutsche Nationalbibliothek verzeichnet diese Publikation in der Deutschen Nationalbibliografie; detaillierte bibliografische Daten sind im Internet über http://dnb.d-nb.de abrufbar.

Springer VS
© Springer Fachmedien Wiesbaden 2014

Gedruckt auf säurefreiem und chlorfrei gebleichtem Papier

Springer VS ist eine Marke von Springer DE. Springer DE ist Teil der Fachverlagsgruppe Springer Science+Business Media.
www.springer-vs.de

Inhaltsverzeichnis

1 Einleitung

Die Gesellschaft in Deutschland verändert sich seit einigen Jahren. Gerade auf dem Arbeitsmarkt wird mehr und mehr Flexibilität und Mobilität gefordert. Neue Medien machen vieles möglich und eröffnen Gelegenheiten zur persönlichen und beruflichen Weiterentwicklung. Es wird von Zeiten des gesellschaftlichen Wandels hin zur Individualisierung und Enttraditionalisierung gesprochen (vgl. Keupp 2003). Die maximalen Möglichkeiten eines jeden Einzelnen haben zu erhöhten Anforderungen für Paarbeziehungen und Familien geführt. Kinder und ein Familienleben fordern unter Umständen Kompromisse bei der Karriereplanung und dem Ausschöpfen der Chancen (vgl. Schuldt 2004). Die Vereinbarkeit von Familie und Beruf wurde in den letzten Jahren auch in der Politik zu einem wichtigen Thema. Es begannen die unterschiedlichen Programme aus Wirtschaft und Politik mehr Familienfreundlichkeit herzustellen, indem möglichst flexible Betreuungsmodelle geschaffen wurden, die auch dem Arbeitsplatz und dessen Anforderungen entgegen kommen können. Hinsichtlich der Bedürfnisse von Kleinkindern und deren Familien müssen diese Angebote kritisch betrachtet und reflektiert werden. Häufig steht der Bedarf eines Kleinkindes den Notwendigkeiten des Berufslebens nahezu konträr gegenüber. In vielen Bereichen sind die Ansprüche und Forderungen des Arbeitsmarktes mit dem Familienleben nur schwer zu vereinbaren. Ebenso scheint die Politik hin- und hergerissen zu sein zwischen der Förderung der Wirtschaft und der Familie. Immerhin geht die Entwicklung in Richtung Entscheidungsfreiheit. Frauen und Männer haben die Möglichkeit einen Betreuungsplatz in Anspruch zu nehmen und können sich die Elternzeit teilen, ebenso erfolgt eine Förderung die Kinderbetreuung selbst zu übernehmen durch die Einführung des Betreuungsgeldes. Damit zu gewährleisten ist, dass jeder Elternteil sein Kind auch im Alter von unter drei Jahren betreuen lassen kann, müssen entsprechende Plätze in Deutschland ausgebaut werden. Nach Einführung des Kinderförderungsgesetzes (KiFöG) wurde seit 2008 damit begonnen die Einrichtungen zur Kinderbetreuung für unter Dreijährige auszubauen. Seit August 2013 besteht bundesweit ein Rechtsanspruch auf einen Betreuungsplatz für Kinder ab einem Jahr (vgl. BMFSFJ 2010).

In der vorliegenden Arbeit soll die aktuelle Betreuungssituation in Kinderkrippen mit ihren bisherigen Veränderungen seit dem Kinderförderungsgesetz und damit in Verbindung die Intentionen der Eltern ihre Kinder früh außerfamiliär betreuen zu lassen, betrachtet werden. Diesbezügliche werden Wirkungs-, Legitimations-, Bildungs- und Qualitätsdiskurse zusammenfassend aufgezeigt. Im dritten Kapitel werden Grundlagen der frühkindlichen Entwicklung beschrieben, deren Berücksichtigung bei der Betreuung und Erziehung im Kleinkindalter in diesem Kontext als zentral bewertet wird. Darauf aufbauend werden unter Punkt vier erst Aspekte aus der bestehenden Aus-, Fort- und Weiterbildungslandschaft von Fachkräften dargestellt und die Kompetenzen der, als qualifiziert geltenden Fachkräfte in Krippen erarbeitet und hinsichtlich ihrer Relevanz, auch für die Inhalte und Didaktik in Aus-, Fort- und Weiterbildungsmaßnahmen, welche im folgenden Text nicht explizit von einander getrennt betrachte werden, analysiert. Im fünften Kapitel wird die Video-Interaktions-Analyse[1] in Krippen als eine Methode zur Förderung der Feinfühligkeit vorgestellt, sowie deren Effekte besprochen. Zum Schluss werden die Ergebnisse der beschriebenen Bereiche zusammengefasst und es wird ein Ausblick zum Thema gegeben.

---

[1] Der Begriff und Teile der Anwendung ‚Video-Interaktions-Analyse' sind der Methodenwerkstatt von Hubert Knoblauch (2004) entnommen.

2 Kleinkinder im heutigen Deutschland

2.1 Außerfamiliäre Betreuung von Kindern unter drei Jahren in Deutschland

Die Umsetzung des Kinderförderungsgesetzes (KiFöG) begann Anfang 2009. Ziel ist es die Betreuungsmöglichkeiten für Kinder unter drei Jahren auszubauen, um ein bedarfsgerechtes Betreuungs-, Bildungs- und Erziehungsangebot zu schaffen (vgl. BMFSFJ 2013). Ab dem 01.08.2013 soll gewährleistet werden, dass für jedes Kind ab dem Alter von einem Jahr ein Betreuungsplatz in Tagespflege oder einer Einrichtung zur Verfügung steht. Nach einem neuen Befund des Deutschen Jugendinstitutes war 2012 der Bedarf damit jedoch noch nicht hinreichend gedeckt und es fehlten dann immer noch weitere 30.000 Plätze bundesweit, die seitens des Bundesministeriums bereitgestellt werden sollten. Die aktuellsten Zahlen des Bundesministeriums informieren darüber, dass im März 2012 bereits über 558.000 Kinder unter drei Jahren fremdbetreut wurden. Insgesamt werden 23,4 % der unter Dreijährigen in Einrichtungen und 4,3% in Tagespflege betreut (ebd. S. 6). Es waren zu diesem Zeitpunkt insgesamt noch weitere 11,8 % der Eltern aller Kinder unter drei Jahren auf der Suche nach einem entsprechenden Betreuungsangebot, welches noch nicht zur Verfügung stand (ebd. S. 2). Seit 2006 war laut des Statistischen Bundesamtes (2012) ein stetiger Zuwachs der Betreuungsquote von mindestens 40.000 Kindern pro Jahr zu verzeichnen (ebd. S. 6). Die meisten im März 2012 betreuten Kinder waren zwischen zwei und drei Jahre alt. Dagegen wurden 2,8 % aller unter Einjährigen und 28,4 % der ein- bis zweijährigen Kinder nicht zuhause betreut. Hinsichtlich des Weiteren fehlenden Bedarfs wurde ersichtlich, dass sich immer noch 5,5 % der Eltern von unter einjährigen Kindern mehr Betreuungsplätze wünschten und sogar 29,8 % der Eltern von über Ein- bis unter Dreijährigen einen ungedeckten Bedarf anmeldeten (ebd.). Die Zahlen gelten bundesweit, wobei es Unterschiede zwischen den einzelnen Ländern gibt. Zwar gaben Eltern in der DJI-Länderstudie (2012) an, dass sie ihre Kinder flexibler und nicht immer ganztags betreuen lassen möchten, jedoch wünschten sich bereits 41 % der Eltern ihre zweijährigen Kinder und 33 % der Eltern ihre einjährigen Kinder über 35 Stunden wöchentlich betreuen zu lassen und hätten entsprechende Angebote lieber wahrnehmen wollen (ebd. S. 11).

Der Ausbau wird demnach auch künftig zügig vorangetrieben, um der Nachfrage zu entsprechen. Damit einher geht die Notwendigkeit gut ausgebildeten Betreuungspersonals und einer adäquaten Personalausstattung in den Einrichtungen, sowie die Frage wie es möglich sein wird dies zeitlich unter Berücksichtigung der Qualitätsstandards und deren Verbesserungen zu ermöglichen.

2.2 Intentionen zur Inanspruchnahme

Erklärungen zu den Gründen der gestiegenen Inanspruchnahme von Betreuungsplätzen außerhalb der Familie bieten die Ergebnisse der NUBBEK-Studie an (vgl. Tietze et al. 2012). Sie betrachtet parallel zu den Untersuchungen in Kinderkrippen auch die Qualitäten der innerfamiliären Betreuungssettings und fragt nach den Zusammenhängen zwischen den Qualitäten der Betreuungen und dem Bildungs- und Entwicklungsstand der Kinder ohne von kausalen Auswirkungen auszugehen (ebd. S. 11). Praktisch in allen Bereichen sind es die Merkmale der innerfamiliären Betreuung, welche stärker mit dem jeweiligen Entwicklungsstand der Kinder korrelieren. Dies rückt die Familie als primäre Sozialisationsinstanz mehr ins Zentrum der Aufmerksamkeit und schreibt ihr wichtige Einflussfaktoren für die Bildung der Kinder zu. „Sozialisation bezeichnet den Prozess der Entwicklung eines Menschen in Auseinandersetzung mit der sozialen und materiellen Umwelt (,äußere Realität') und den natürlichen Anlagen und der körperlichen und psychischen Konstitution (,innere Realität')" (Hurrelmann 2006, S. 730). Dies beginnt bereits ab Geburt und ist ein lebenslanger Prozess, in dem das Kind mit seinen Reaktionen und Eigenschaften seine Umwelt auch mit beeinflusst. Schon Säuglinge steuern dies aktiv mit, indem sie zum Beispiel lächeln und somit wiederum Reaktionen in ihrer sozialen Umwelt hervorrufen. Der moderne Bildungsbegriff begreift das Kind als aktiven Gestalter seiner Umwelt und Lernprozesse. Es nutzt seine angelegten Fähigkeiten und passt gleichzeitig neue Erfahrungen und Erlebnisse, die es mit der sozialen Umwelt macht, an bisher vorhandene Muster an (Assimilation) und fügt sie ein, indem es wiederum die subjektiven Denkmuster an neue Erkenntnisse aus der Realität anpasst (Akkomodation) (vgl. Schäfer 2001, S. 14). Deskriptive Befunde des Soziooekonomischen Panels zeigen den entscheidend, prägenden Einfluss der Familie auf die Lebensumwelt der zwei- und dreijährigen Kinder in Deutschland auf. Für 95% der miteinbezogenen Kinder stellt sich als wichtigste Bindungsperson die Mutter heraus (Dittrich 2012, S. 55). Die Sicht der Eltern auf die Identität ihrer Kinder im dritten Lebensjahr ist in hohem Maße positiv geprägt und sie beschreiben diese oft als aktiv, gesprächig und neugierig (ebd., S. 56). Dennoch stellt die Studie fest, dass sich die Bildungsergebnisse schon in diesen ersten

Lebensjahren von Kind zu Kind teilweise erheblich unterscheiden, was sich vermutlich durch verschiedene Umwelteinflüsse und personale Zuschreibungen durch die Eltern erklären lässt (ebd., S. 58). Umso wichtiger erscheint eine gelingende Eingewöhnung und Betreuung in die Krippe, um für die Kinder einerseits ähnliche Bildungsvoraussetzungen und fördernde Aktivitäten gewährleisten zu können und andererseits die primären Bindungsbeziehungen der Kinder zu ihren Müttern nicht zu beeinträchtigen und aufrechtzuerhalten, damit auch ihr positiver Nutzen in die Krippe transportiert werden kann.

Bezogen auf die gestiegenen Zahlen derjenigen Eltern, die eine außerfamiliäre Betreuung von Kindern unter drei Jahren in Anspruch nehmen, ist es zu hinterfragen, um welche Zielgruppe es sich handelt und welche Intentionen damit verbunden sind. Dazu bietet es sich an als erstes die Unterschiede hinsichtlich der Zahlen zu betrachten. Diese variieren zwischen den alten und neuen Bundesländern, die eher auf die freien Kinderbetreuungsplätze und Traditionen zurückzuführen sind, als auf die familiären Variablen. Kinder in Ostdeutschland sind im Durchschnitt 21 Monate, in Westdeutschland 29 Monate alt, wenn sie zum ersten Mal eine Krippe besuchen oder in Tagespflege außerhalb ihrer Familie betreut werden. Mütter aus den neuen Bundesländern lassen ihre Kinder zunehmend fremd betreuen und berichten davon, dass in der eigenen Familie weniger Möglichkeiten der Betreuung durch Großeltern zur Verfügung stehen. Die NUBBEK-Studie hat unter anderem auch bei einer Gruppe von Eltern zweijähriger Kinder hinterfragt wie und warum sie die vorhandene außerfamiliäre Betreuung brauchen bzw. möchten. Viele Frauen gaben an die Betreuung aus beruflichen Gründen zu nutzen. Dies erklärt sich durch die Zugangsbeschränkungen der Plätze, welche vor allem den erwerbstätigen Eltern und jenen, die sich in Ausbildung befinden, zur Verfügung stehen sollen. Folglich ist der Erwerbs- und Bildungsstatus der Mutter die Variable, die am meisten mit dem Betreuungsumfang korreliert. Manche Mütter nutzen die Betreuung aber auch ohne Arbeiten zu gehen, diese gehen gleichzeitig von mehr Bildungs- und Erziehungsverantwortung der Einrichtungen aus (vgl. Tietze et al. 2012, S. 6f.).

2.3 Diskurse zum Ausbau von Kinderkrippen

Der quantitative Ausbau der Kinderkrippen wird in Deutschland seit Jahren wesentlich vorangetrieben. So besteht ab dem 01.08.2013 ein Rechtsanspruch auf einen Krippenplatz für alle Kinder ab einem Jahr. Nun muss sich vor allem auch die qualitative Aus-, Fort- und Weiterbildung von Erzieherinnen[2] im Krippenbereich bewähren und den neuen Gegebenheiten Rechnung tragen. Bildungsempfehlungen werden speziell für Kinder unter drei Jahren erarbeitet, da ihre Bedürfnisse und die Anforderungen an das Personal mit älteren Kindern nicht gleichzustellen sind. Gesellschaftlich hat das Thema der Qualifizierung von Bildungs- und Erziehungsfachkräften in Deutschland nach Pisa und im internationalen Wettbewerb derzeit erhebliche Relevanz und wird öffentlich diskutiert. Die Bildungschancen sollen verbessert werden und die Wissensvermittlung bereits im Kleinkindalter beginnen, damit Förderungen wirksamer sein können. Bildungspläne sind bereits in allen Ländern vorhanden und definieren die Bereiche und zu vermittelnden Inhalte für Kinder unter drei Jahren. Nach wie vor wird der Ausbau der Kinderkrippen, sowohl auf fachlicher und wissenschaftlicher Ebene zwischen den Disziplinen, als auch gesellschaftlich und politisch kontrovers diskutiert. Auch alltagstheoretisch ist dies ein aktuelles Thema zu dem viele Beiträge in den Medien zu finden sind.

Der Ausbau schreitet weiterhin zügig voran und es liegen über den weiteren Bedarf differenzierte Untersuchungen vor, während wissenschaftlich vergleichsweise wenig über die aktuelle Beschaffenheit der […] außerfamiliären Betreuungsqualitäten bekannt ist (vgl. Tietze u.a. 2012, S. 3). „So besitz[t] kaum ein Träger […] valide Daten über die pädagogische Qualität von Kindertageseinrichtungen […] im eigenen Verantwortungsbereich" (ebd.). Es ist zu klären, welche Qualität in den Einrichtungen vorhanden ist, welche Wirkungen die frühe Betreuung hat und wie sich dies in der Bildung der Kinder niederschlägt, sowie, ob diese Form der frühkindlichen Betreuung in Institutionen legitim ist und warum.

Die NUBBEK-Studie erfasste mit der revidierten Krippen-Skala (KRIPS-R) die Prozessqualität und mit der Caregiver Interaction Scale (CIS) das Interaktionsklima in den Krippen. Durch die Krippen-Skala konnte eine gute Prozessqualität lediglich in weniger als 10 % der Betreuungen festgestellt werden, zu über 80 % lagen mittlere Qualitäten vor und über 10 % konnten nur unzureichende pädagogische Prozesse nachweisen. Der durchschnittliche Wert lag in der 7stufigen Krippenskala (KRIPS-R) bei 3,8 und somit tendenziell im ausreichenden Bereich (ebd., S. 8f.). Die genannten Ergebnisse weisen darauf hin, dass nicht überwiegend von guten und hervorragenden, sondern lediglich von befrie-

---

[2] Nachfolgend werden zur vereinfachten Leserlichkeit nicht immer alle in der Frühpädagogik tätigen Berufsgruppen, wie Kinderpflegerinnen, Sozialpädagoginnen, Erzieherinnen oder Sonstige aufgezählt.

digenden bis ausreichenden pädagogischen Qualitäten in der Krippenbetreuung auszugehen ist.

Abbildung 1: Krippengruppen nach KRIPS-R (Häufigkeit in Prozent) (Tietze et al. 2012, S. 9)

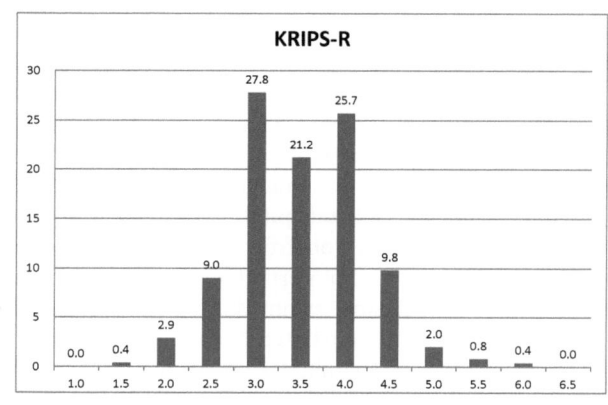

Zone unzureichender Qualität	Zone mittlerer Qualität	Zone guter bis ausgezeichneter Qualität

Es entsteht auch die Frage, wie dies die Entwicklung und das Wohlbefinden der Kinder beeinflusst und wie das verbessert werden könnte bzw. müsste. Trotz zahlreicher Bemühungen in den Kommunen im Zuge des Ausbaus, die neuen und bestehenden Einrichtungen adäquat auszustatten und zu qualifizieren, ist festzustellen, dass ein hoher Bedarf an Forschung, Qualitätsinitiativen und Weiterbildung auch weiterhin vorhanden ist. Von zentralem Interesse ist die Qualifikation der Erzieherinnen, da diese die pädagogische Prozessqualität der Krippen im Einzelnen erheblich beeinflussen können. Welche Merkmale Fachkräfte als Qualifizierung für die Betreuung und Erziehung von unter Dreijährigen brauchen, muss durch die Betrachtung der kindlichen Entwicklungsphasen erschlossen werden. Der Qualitätsdiskurs in Deutschland plädiert dafür neben der Prozessqualität jedoch auch noch die Strukturen in den Einrichtungen zu berücksichtigen und den Fragen nachzugehen, welche Rahmenbedingungen notwendig sind und welchen Kontext es braucht, damit die Fachkräfte auch entsprechende Unterstützung, Beratung und Fortbildung erhalten. Dies wird als notwendig erachtet, um die Qualität im Gesamten operationalisieren, sowie deren Wechselwirkungen beschreiben zu können. Bisher liegen jedoch zu wenige empirische Untersuchungen über Prozess-, Struktur- und Kontextqualitäten vor, als dass sich ein repräsentatives Bild ergeben würde, welches die Frage klärt welche Qualität in familienergänzenden, institutionellen Angeboten für Kinder unter drei Jahre vorliegt (Viernickel 2012, S. 17ff.).

Neben den Abhandlungen zur Qualität lassen sich die Kontroversen noch drei weiteren Linien zuordnen, nämlich dem Legitimations-, dem Bildungs- und dem Wirkungsdiskurs (vgl. Viernickel 2012). Alle Richtungen beschäftigen sich damit, ob und warum der Ausbau der Krippen als sinnvoll erachtet werden kann und betrachten dies aus unterschiedlichen Perspektiven. Die Frage nach dem volkswirtschaftlichen Nutzen wird im Legitimationskurs behandelt. Dabei geht es sowohl um die Themen der Frauenerwerbsquote und der Geburtenrate, als auch um das ‚Kind als Humankapital'. Während jeweils die Zusammenhänge zwischen der Verfügbarkeit von frühen Betreuungsmöglichkeiten und der Berufstätigkeit der Mütter und der Verfügbarkeit und der Anzahl der Geburten noch nicht hinreichend belegt sind, nennt die Studie der Bertelsmann-Stiftung eine konkrete Zahl des bislang verpassten Nettonutzens für die Wirtschaft, durch zu wenig Betreuungssettings, nämlich 12,6 Milliarden Euro. In ihren Ergebnissen findet sich ein Zusammenhang zwischen dem Krippenbesuch der Kinder und dem späteren Eintritt in das Gymnasium, der allerdings kausal interpretiert wurde und keine Korrelation aufwies, ebenso wie die Berechnungen des höheren, zu erwartenden Gehalts durch einen Besuch des Gymnasiums auf fiktiven Wahrscheinlichkeiten beruht (Viernickel 2012, S. 15f.).

Differenzierter beschäftigt sich dagegen die frühkindliche Bildungsforschung mit dem sozialen und kulturellen Kompetenzzuwachs der unter Dreijährigen in Einrichtungen. Durch die, nach wie vor in Deutschland, geführte Debatte, ob Bildung als Ergebnis oder Prozess zu betrachten sei, sind auch diagnostische und hermeneutische Forschungsmethoden gleichermaßen vorhanden (Viernickel 2012, S. 22). Konkrete Ergebnisse gehen dahin, dass Kleinkinder aktiv in ihrem Bildungsprozess mitwirken und bereits unter drei Jahren wichtige und einflussreiche Grundlagen für ihre weitere Entwicklung und Bildungslaufbahn gelegt werden (siehe Kapitel 3). Dies erfordert von der Forschung eine Intensivierung ethnografischer und phänomenologischer Methodik, um die individuellen Bildungsprozesse der Kinder verstehen zu können (vgl. Viernickel 2012, S. 23).

Neben zu wenigen aussagekräftigen Untersuchungen werden in den Argumentationen des Legitimationsdiskurses die ethische Komponente und die Frage nach dem Wohl der Kinder und Familien vermisst, während dem Bildungsdiskurs mehr die Absicht zugrunde liegt die pädagogische Praxis durch Methoden des Verstehens zu qualifizieren und damit zu verbessern. Der vierte Diskurs beschäftigt sich mit der Wirkung der frühkindlichen, außerfamiliären Betreuung in Institutionen und konzentriert sich somit auch auf das Wohl der Kinder und auf die Frage, welche Indikatoren hier ihre Entwicklung positiv und zu ihren Gunsten beeinflussen können. Die Ergebnisse groß angelegter Studien bilden hierfür Grundlagen, wonach Konzepte erstellt und eingeführt werden sollen, wenn bei Kleinkindern negative Auswirkungen einer langen Betreuungsdauer in Krippen auf ihre sozial-emotionale Entwicklung, ihre Bindungssicherheit oder ihr Wohlbefinden zu vermuten sind. Zudem geht es in der Wirkungsdebatte auch darum, neue Erkenntnisse zu nutzen, die sich an den Bedürfnissen und Fähigkeiten der Kinder orientieren, um förderliche Auswirkungen einer guten Prozessqualität auf die sprachlichen und kognitiven beizubehalten und diese auch mit der Einführung spezifischer Förderkonzepte für andere Bereiche der Entwicklung und Bildung zu nutzen (vgl. Viernickel 2012, S. 20).

Anhand der vier Diskurse zeichnet sich ab, dass die Krippenforschung und auch die Frage nach den Vor- und Nachteilen einer frühen außerfamiliären Betreuung breit gestreut sind und von unterschiedlichsten Perspektiven aus betrachtet werden. Ebenso verschieden sind auch die eingesetzten Forschungsverfahren. Es kann nur dann ein Gesamtbild entstehen, wenn die einzelnen Themenkomplexe miteinander verbunden werden. Dies bedarf einer „ […] wechselseitige[n] Anerkennung unterschiedlicher Forschungsperspektiven und der konstruktiven Prüfung ihrer jeweiligen erkenntnisgenerierenden Potenziale" (Viernickel 2012, S. 23). Es sind auch noch, ergänzend zu den gängigen Forschungsdesigns, weitere hermeneutische und mikroanalytische Methoden notwendig, welche die Erlebenswelt der Kleinkinder im Setting der Krippenbetreuung genauer abbilden können. Die Herangehensweisen müssen an den Kindern und deren spezifischen Belangen, sowie deren Möglichkeiten und Bildungsprozessen, ihren Ausgangspunkt finden, um im Umkehrschluss auch wirksam sein zu können. Dies betrifft gleichermaßen die Legitimations-, Bildungs-, Qualitäts- und Wirkungsdiskurse.

Um die Jahrtausendwende vollzieht sich der Wandel der Gesellschaft hinsichtlich des Familienlebens verstärkt. Scheidungsraten, flexible Arbeitsmarktsituationen, mehr Frauenerwerbstätigkeit und nicht zuletzt die Forderung nach früherer Bildung tragen zur höheren Inanspruchnahme und Bedarfsfeststellung der Betreuungsplätze für Kinder unter drei Jahren bei. Datler/Ereky/Strobel (2002) kritisieren, dass einfach vorausgesetzt wird, dass „Ein- oder Zweijährige an mehreren Tagen pro Woche über mehrere Stunden hinweg die Präsenz engster Familienmitglieder ohne weiteres entbehren können" (S. 54 In: Heiss 2009, S. 29).

2.4 Forschungsergebnisse zu Stress, Coping und Bindung in der Krippe

Bereits seit Jahren wird die Krippenbetreuung in unterschiedlichen Disziplinen wissenschaftlich erforscht und auch die Frage nach dem Erleben des einzelnen Kindes steht mittlerweile neben anderen im Mittelpunkt der Forschung. Einige groß angelegte und publizierte Studien beschäftigen sich mit den Themen Bindung, Stressreaktionen und Bewältigungsstrategien von Kindern, die in Einrichtungen betreut werden. Ziel ist es festzustellen welche Faktoren zu einer gelingenden Entwicklung und Bildung beitragen und welche Auswirkungen die Betreuung in einzelnen Entwicklungsphasen und unter jeweiligen Bedingungen auf die Kinder hat. Kleinkinder, die heute in Krippen betreut werden, mit ihren Werten und Normen und ihren kognitiven, emotionalen und sozialen Fähigkeiten und Fertigkeiten, werden noch ein Leben lang als Mitglieder die Gesellschaft bilden und maßgeblich zu deren Weiterentwicklung beitragen.

Die groß angelegte amerikanische Kohortenstudie ‚Study of Early Child Care and Youth Development (SECCYD)‘ ist eine der relevantesten und in der frühkindlichen Forschung bekanntesten Studie und wurde vom National Institute on Child Health and Human Development (NICHD) in Bethesda (USA) in Auftrag gegeben. Im Rahmen des Projektes begleiten Forscher seit 1991 mehr als 1000 Kinder von Geburt an. Belsky et al. (2011) stellten in dieser Studie, die unter dem Namen ‚NICHD-Studie‘ bekannt wurde, bessere kognitive Funktionen bei hoher Betreuungsqualität und ebenso bessere Gedächtnisleistungen bei einer ausgedehnten Betreuung in Gruppen fest. Auch ging eine zwar bessere Gedächtnisleistung mit erhöhten Niveaus von externalisierendem Problemverhalten einher. Ein weiteres zentrales Ergebnis der jahrelangen Untersuchung waren negative Auswirkungen auf das Verhalten der Kinder und Zusammenhänge zwischen Betreuungswechsel in Krippen und zeitweisen aggressiveren Tendenzen bei Kindern im Schulalter (vgl. Dornes 2008, S. 54). Die Betreuungszeit in der Einrichtung stellte sich dabei als ein ausschlaggebender Faktor für die Stärke des später gezeigten dissozialen Verhaltens heraus (vgl. Böhm 2011). Weitere Studien, z.B. die Wiener Krippenstudie, stellten einen steigenden Stresspegel bei Kindern fest, wenn ihre Mutter oder eine andere Bezugsperson nicht mehr in der Krippe anwesend war (vgl. Viernickel et al. 2012, S. 75ff.). Von Stress wird gesprochen, wenn dem Kind keine Möglichkeiten mehr zur Verfügung stehen das wahrgenommene Problem zu bewältigen. Doch wie und womit können die Fachkräfte in den Einrichtungen dazu beitragen negativen Auswirkungen dieser Art für die Kinder zu vermeiden? Die Stadt Zürich beobachtete Säuglinge und Kleinkinder in Kindertagesstätten und betrachtete die Frage, welche Voraussetzungen auf personeller Ebene gegeben sein sollten. Die Ergebnisse lieferten ein deutliches Bild. Nämlich ließen sie sich in drei Typen der Betreuung durch die

Fachkräfte differenzieren, nämlich dem engagierten Aktionismus und der strukturorientierten und reaktiven Präsenz. Dabei stellte sich die Fachkräfte, die dem Typ ‚reaktive Präsenz' zugeordnet wurden, als die vorteilhaftesten für die Betreuung von Säuglingen und Kleinkindern heraus, da sie zwar Bedürfnisse befriedigen wollten, den Kindern jedoch ihre eigene Explorationsfreude nicht einschränkten und selbst eine professionelle Distanz wahren konnten bei gleichzeitiger Beibehaltung der Nähe zu den Kindern. Zuviel Orientierung an Struktur und durchgängigen Regeln, als auch der Anspruch an eine ständige hohe Aktivität erwiesen sich als kontraproduktiv (vgl. Grubenmann 2009).

3 Frühe Kindheit

3.1 Entwicklungspsychologische Grundlagen

Um jedoch zielgerichtet zu betrachten, welche Eigenschaften und Fähigkeiten bei den Fachkräften zu einer gelungenen Krippenbetreuung explizit beitragen, muss vorerst geklärt werden was Kleinkinder in der jeweiligen Entwicklungsphase brauchen und wozu sie bereits in der Lage sind, ohne über- oder unterfordert zu sein. Die Frühpädagogik orientiert sich meist an sogenannten Meilensteinen der Entwicklung. Diese Grenzsteine sind die erreichten Ziele in der Entwicklung bis zu einem bestimmten Alter, welche von 90 – 95 % der Kinder bis dahin erreicht wurden. Im westlichen Kulturkreis gelten diese Entwicklungsziele als Durchgangsstadien, welche zum Bestehen in der Gesellschaft unerlässlich sind (vgl. Michaelis/Haas 1990). Dabei ist wichtig, dass sie nicht als Diagnose im Sinne von Stigmatisierungen gestellt werden, damit Kindern keine bestimmten Rollen zugewiesen werden. Im Rahmen der Krippenbetreuung kann es durchaus hilfreich sein die Meilensteine der Entwicklung zu kennen, um eine Orientierung zu finden, welche Bedürfnisse Kinder welchen Alters haben und welche Anregungen sie brauchen. Daneben ist es unersetzlich die individuellen Entwicklungsschritte der Kinder zu beobachten und dementsprechende Angebote bereit zu halten. Validierte Grenzsteine bieten, bei Kindern ohne Beeinträchtigungen, einen Rahmen. Die entsprechende Ausgestaltung gibt das Kind selbst vor und muss von der Erzieherin jeweils individuell erkannt werden. Für die Fachkräfte ist es hilfreich zu wissen, welche sozialen Kompetenzen Kinder im Säuglings- und Kleinkindalter haben und wie sie ihr Umfeld und ihre Erlebnisse emotional wahrnehmen und verarbeiten können. Mit diesem Wissen kann es gelingen die Perspektive des Kindes einzunehmen, sein Verhalten und seine Reaktionen zu interpretieren und dann angemessen darauf zu reagieren. Bis zum 18. Lebensmonat sind die Grenzsteine alle drei Monate neu definiert (vgl. ebd.). Dies ist als Grundlage für Erzieherinnen sinnvoll, da die Entwicklung im Kleinkindalter rasch voranschreitet und mit vielen Neuorganisationen beim Kind verbunden ist. Ein empathisches Verstehen kann der Erzieherin leichter fallen, wenn sie weiß welche Entwicklungsaufgaben das Kind für sich gerade zu bewältigen hat.

Bereits Säuglinge beginnen mit den Menschen in ihrer Umgebung aktiv in Kontakt zu treten. „Das ‚soziale Wiederlächeln' (Bower 1979), das mit etwa sechs Wochen erstmals auftritt, dürfte den Beginn sozialer, wenn auch noch nicht persönlich bezogener Interaktion markieren" (Ziegenhain 2006, S. 27). Sie nehmen zum Beispiel ein Interaktionsangebot an, indem sie zurück lächeln, oder beenden die Kommunikation, indem sie ihren Kopf zur Seite drehen oder wegschauen. Erwachsene und Bezugspersonen können das Kind darin verstärken, wenn sie die Bedürfnisse wahrnehmen und achten anstatt sie zu ignorieren, indem sie auf eine weitere Kommunikation bestehen, obwohl der Säugling sie beendet. „Eine gesunde Selbstentwicklung beinhaltet, dass schon der Säugling und das Kleinkind das Gefühl erleben, selbst handelnd und Erzeuger von Wirkungen sowie motorischen und affektiv-emotionalen Interaktionen mit der Umwelt zu sein" (GAIHM 2008, S. 17). Macht das Kind mit seinen Aktionen, Reaktionen und deren Wirkungen positive Erfahrungen, dann wird es dem Säugling und Kleinkind zunehmend Freude bereiten von sich aus in Kommunikation mit anderen zu treten. Hier geschehen bereits sehr früh Lernerfahrungen, welche prägend für die emotionale und soziale Entwicklung des Kindes sein können. Prägend sind diese frühen Erfahrungen vor allem weil sich erhebliche und schnelle Reifungen im Gehirn in der frühen Kindheit ergeben. Denn zum Ende des ersten Lebensjahres reift der Hippocampus sowie Bahnen zwischen dem limbischen System und dem Kortex, wobei die qualitativen Veränderungen im emotionalen Erleben positiv beeinflusst werden (vgl. Sroufe 1996 In: Ziegenhain 2006, S. 28). Zu dieser Zeit entstehen für den Säugling auch neue Emotionen, wie zum Beispiel die Furcht. Hinzu kommt, dass nun auch kognitive Entwicklungsschübe eintreten. Das Langzeitgedächtnis wird erstmals funktionsfähig und ermöglicht dem Kind Erfahrungen und auch bekannte Menschen, insbesondere Bezugspersonen, zu erinnern, auch wenn diese nicht anwesend sind. Dies führt auch zur sogenannten Fremdenangst, die um diese Zeit besonders auftritt. Diese neuen und unbekannten Erlebnisse verbunden mit vorerst fehlenden Reaktionsmöglichkeiten ängstigen das Kind und stellen eine Art „[…] ‚Systemzusammenbruch' als Entwicklungsprinzip der Integration und (Re-) Organisation neuer Kompetenzen" dar (Rauh 2002 In: Ziegenhain 2006, S. 29). Derartige Anpassungsleistungen sind vom Kind beim Übergang vom Neugeborenen- zum Säuglingsalter mit ca. drei Monaten, während der Fremdenangst mit ca. neun Monaten, während der Trotzphase mit ca. zwei bis drei Jahren oder auch beim Übergang von der Familie in die Krippenbetreuung, zu erbringen und stellen eine große Herausforderung für die Kinder dar. Aufgrund der bereits genannten Objektpermanenz und der wachsenden Fähigkeit, Inhalten eine emotionale Bedeutung beizumessen und sie intern zu repräsentieren, entstehen Bindungen und intensivieren sich zum Ende des ersten Lebensjahres hin. Durch weitere Entwicklungen wird es dem Kind immer mehr möglich auf vielfältigere Weisen in Kommunikation zu treten, sie machen Erfahrungen mit den Reaktionen ihrer sozialen Umwelt und erleben die Wirkung der eigenen Verhaltensweisen. Damit entsteht durch viele Wiederholungen von vertrauten Interaktionen, das sogenannte Kontingenzerleben und bewirkt Erwartungen des Kindes bezogen auf die Wechselseitigkeit des Kommunikationsflusses. Kommt es zu fremden und somit unerwarteten Interaktionen, die das Kind nicht kennt, nicht einordnen kann und auch keine Reaktionsmuster zur Verfügung hat, dann entstehen Irritationen, welche sich unter anderem in sozialem Rückzug, Weinen oder Niedergeschlagenheit des Kindes äußern können (ebd., S. 31f.). In der Kinderkrippe dürften aufgrund der Altersspanne der Kinder des Öfteren Anpassungsleistungen zu beobachten und zu unterstützen sein.

Neben der emotionalen und kognitiven, macht auch die motorische Entwicklung erhebliche Fortschritte während der ersten Lebensmonate. Mit etwa vier Monaten kann der Säugling sein Greifen visuell steuern, was das Neugier- und Bindungsverhalten unterstützt (ebd., S. 34). Dies verstärkt sich noch umso mehr, wenn das Kind zu krabbeln oder zu laufen beginnt. Es wird ihm dadurch möglich den Bezugspersonen zu folgen und sich interessanten Gegenständen oder Ereignissen selbstständig zu nähern. Damit einher geht auch, dass sich das Kind von anderen zu unterscheiden lernt. Dies zeigt sich auch in „sozial rückversichernden Blicken des Kindes", wodurch es die Signale der Bezugspersonen interpretiert und dann die eigenen Verhaltensweisen daran anpasst. Die Unterscheidung des eigenen Selbst von anderen Menschen und deren Emotionen und Erfahrungen ist eine der Voraussetzungen für die Bildung von Bindungsbeziehungen und Grundlage für die Empathiefähigkeit. Diese Kompetenz beginnt sich Ende des ersten Lebensjahres zu entwickeln und prägt sich weiter aus. Mitte des zweiten Lebensjahres können sich Kinder dann selbst im Spiegel wiedererkennen und bereits mehrere Personen über längere Zeit intern repräsentieren (ebd., S. 36). Nach und nach möchten sich Kleinkinder selbst ausprobieren und neues erkunden, was ihnen mit Sicherheit, Vertrautheit und der Option sich rückversichern zu können möglich wird.

Es beginnt auch bereits in der frühen Kindheit eine gewisse Auseinandersetzung mit dem eigenen Geschlecht. Kinder nehmen andere Personen wahr, stellen Unterschiede fest und orientieren sich an den von ihnen vorgegebenen oder in der Umwelt bestehenden „[...] geschlechtstypischen Verhaltensweisen und richten ihr eigenes Verhalten danach aus" (z.B. Maccoby 1998 In: Leu/v. Behr 2013, S. 117). So entstehen innerhalb der Krippe Subgruppen zwischen den Kindern und entsprechende Dynamiken. Die Erzieherin hat die Aufgabe entsprechend regulierend auf die Bedürfnisse der Gruppe einzugehen, aber auch Beziehungen zu den einzelnen Individuen zu gestalten (vgl. Leu/v. Behr 2013, S. 117). In einer Untersuchung von Gunnar et al. konnten Unterschiede zwischen den männlichen und den weiblichen Subkulturen festgestellt werden. Während sich bei den Jungen dominante Verhaltensweisen zeigten und sie sich häufig durch Wettkämpfe Akzeptanz und Beliebtheit verschafften, waren die Mädchen empathischer im Umgang miteinander und wiesen in ihren Subgruppen egalitäre Strukturen auf (Sebanc et al. 2003 In: ebd.). Durch die kooperative Art und Weise und dem Interesse an empathischer Kommunikation sollten Mädchen gegenüber den Jungen einen wichtigen Vorteil im Aufbau von Bindungsbeziehungen in der Krippe haben. Es stellt eine besondere Herausforderung für die Fachkraft dar die Dynamiken in der Gruppe zu regulieren und die Beziehung auf der Ebene des einzelnen Kindes entsprechend dessen Bedürfnis zu gestalten. Eine geschlechtssensible Interaktion ist für die Kleinkinder unabdingbar und muss von Verständnis und Akzeptanz geprägt sein, die ihnen genug Freiraum für Entfaltungsmöglichkeiten für zwischen-menschliche Beziehungen und individuelles Explorationsverhalten lässt.

Kinder im Krippenalter haben bereits zahlreiche Kompetenzen ausgebildet. Dennoch sind einige Fähigkeiten notwendig, damit sie sich im Gruppengeschehen zu Recht finden und davon profitieren können. Ein zentrales Thema in den ersten drei Lebensjahren ist die Entstehung und Intensivierung von Bindungsbeziehungen, welche als eine wichtige Grundlage für die Entwicklung und für Bildungsprozesse gilt. Wie Kinder in die Lage versetzt werden ihren eigenen Bildungserwerb selbst zu gestalten und gerne zu lernen, hängt davon ab wie die Bezugsbeziehungen diese Prozesse stützen und vermitteln können (vgl. Leu/v. Behr 2013, S. 114). Bildung hängt in der frühen Kindheit demnach eng mit Beziehungen zusammen und kann davon nicht losgelöst betrachtet werden. Dies unterstreicht die Funktion und den Einfluss der Erzieherin in der Krippe maßgeblich. Mit ihren personellen Kompetenzen und Charaktereigenschaften interagiert sie täglich mit dem Kind, was zum Aufbau einer Beziehung führt. Vor dem Hintergrund des Zusammenhangs von Beziehung und Bildung beeinflusst sie damit auch maßgeblich die Chancen und die Förderung der kindlichen Entwicklung in der Krippe. Neuropsychologische Untersuchungen von Spitzer (2005) stellen heraus, dass Wissensstrukturen nur unpräzise entwickelt werden können, wenn die dafür vermittelnden Beziehungen fehlen (vgl. Leu/v.Behr 2013, S. 114). Damit das Kind seine mentalen Kompetenzen effektiv ausbilden kann, müssen Lerngelegenheiten über Beziehungen, also soziale Interaktionen mit bekannten und vertrauten Bezugspersonen, entstehen (vgl. ebd.).

3.2   Bindungstheorie und ihre Relevanz für frühkindliche Betreuung

Die Bindung bezeichnet ein starkes emotionales Band zwischen einem Kind und seinen Bezugspersonen. Kinder bauen zu denjenigen Menschen Bindungen auf, welche sie häufig betreuen und viel Zeit mit ihnen verbringen. Der Statistik zufolge ist die Hauptbezugsperson nach wie vor in den meisten Fällen die Mutter (vgl. Kapitel 2.2). Sie versorgt das Kind in den ersten Monaten häufig rund um die Uhr, überwiegend selbst und kümmert sich um dessen Bedürfnisse. Kinder entwickeln zu mehr als nur einer Person Bindungsbeziehungen, ordnen diese für sich jedoch immer hierarchisch und haben in der Regel eine primäre Bindungsperson, welche hauptsächlich Orientierung und Sicherheit gibt und in sehr schwierigen oder traurigen Situationen Trost spenden und beruhigen kann. Ist das Kind von dieser primären Bindungsperson lange Zeit getrennt, dann kann das für das Kind mit „schweren Trennungsreaktionen und großem seelischen Leid" verbunden sein (Bowlby 1951 In: Becker- Stoll 2009, S. 10). Mit der fortschreitenden Entwicklung der Säuglinge beginnen sich diese immer mehr auf eine Person zu konzentrieren. Bereits mit ungefähr sechs Monaten spricht man von der „Phase des aktiven und initiierten zielkorrigierten Bindungsverhalten[s]" (Grossmann/Grossmann 2008, S. 73). Sie suchen bei ihr Schutz und Sicherheit und richten das eigene Lernverhalten an den Reaktionen der Bindungsperson aus. Die Form des Schreiens und Weinens nimmt etwas ab und wird durch differenziertere Kommunikationsweisen ersetzt, welche der Säugling anhand der Wirkungen auf seine Umwelt und deren Rückmeldungen erlernt. Er entwickelt demnach in der Interaktion mit seinen Bindungspersonen seine eigenen kommunikativen Kompetenzen, indem er sich selbst mit seinen Ressourcen an deren Entstehung beteiligt und auf die Art und Weise der Beantwortung durch die Umwelt angewiesen ist, um diese Erfahrungen in seine bisherigen zu integrieren und sich anzupassen. „Unter Kompetenz versteht Ainsworth [1974] die Fähigkeit des Säuglings, durch sein Verhalten die Wirkung zu steuern, die die Umwelt, einschließlich der Personen, auf ihn haben wird" (Grossmann/Grossmann 2011, S. 213). So entsteht eine wechselseitige Kommunikation, durch welche die Beteiligten gegenseitig lernen und ihre Verhaltensweisen anpassen. Nach dem dritten Lebensmonat stehen nicht nur mehr die Nahrungsaufnahme, das Schlafen und die affektive Verhaltensregulation an oberster Stelle, sondern auch die Nachahmungsprozesse, emotionale Bezogenheit und Selbstwahrnehmung des Kindes, die durch emotional getönte Dialoge entstehen (vgl. Papoušek M. In: Leu/v.Behr 2013, S. 124). Die Erfahrungen im ersten Lebensjahr beginnen zum Ende hin eine innere Repräsentation von emotionaler Sicherheit zu bilden, auf welche das Kind im Rahmen von Bewältigung zurückgreift. Dies drückt sich darin aus, dass es bei Schwierigkeiten verstärkt Nähe zur primären Bindungsperson sucht und sich ängstlich zeigt, wenn sich diese entfernt. In dieser Entwicklungsphase muss das Kind nun mit kurzen Trennungen umgehen lernen und hierbei entsprechend von der Bindungsperson unterstützt werden. „Die frühen Erfahrungen von Selbstwahrnehmung, Selbstwirksamkeit und Selbstkonzept im

Spiegel der Eltern bilden die Grundlage für den schrittweisen Erwerb sozialer Kompetenzen" (ebd., S. 125).

Die Funktionen der Bindung gehen jedoch weit über die frühe Kindheit hinaus. Bindungsstrategien werden ein Leben lang immer wieder aktiviert, wenn es zu beängstigenden Situationen oder Lebenslagen kommt. Dabei bildet die Bindung ein eigenständiges Motivationssystem und übernimmt damit auch einen Teil der Sicherstellung des Überlebens (Ziegenhain 2006, S. 43ff.). Bowlby gilt als Begründer der Bindungstheorie und unterscheidet nach seinen Untersuchungen zwischen vier wesentlichen Bindungsmustern. Mary Ainsworth entwickelte den sogenannten Fremde-Situation-Test, ein Forschungsverfahren, welches es ermöglichte durch die Verhaltensweisen von Bezugspersonen und Kindern eine Beobachtung zu erreichen, welche die Differenzierung zwischen den Qualitäten der Bindungen zuließ. Dabei verließ die Bindungsperson acht bis achtzehn Monate alter Kinder einen Raum, indem das jeweilige Kind einmal ohne und einmal mit einer weiteren, unvertrauten Person zurückblieb. Die Bindungstheorie geht hierbei davon aus, dass die Kinder jeweils ein verunsichertes Verhalten und Kummer zeigen, wenn die Bindungsperson geht und sich von dieser wieder trösten lassen und Sicherheit für erneutes Spielverhalten erlangen können, wenn sie zurückkommt und sich sie kümmert (Ainsworth et al. 1978 In: ebd.). Dieser Trost ist jedoch nicht mit dem gleichzusetzen, den eine unvertraute Person leisten kann. Je nachdem wie die Bezugsperson beim Wiederkommen auf das Kind und dieses auf die Bezugsperson reagiert, kann zwischen den Qualitäten unterschieden werden. Die meisten Kinder in diesen Testungen zeigten traurige Verhaltensweisen und suchten die Nähe der Bindungsperson, wenn diese wieder zurückkam. Wenn sie weniger irritiert durch das kurzzeitige Verlassen waren, dann gingen sie beim Zurückkommen der Bindungsperson offen und freundlich auf diese zu. Es war ihnen möglich anschließend wieder weiter zu spielen, sie konnten zwischen Bindungs- und Explorationsverhalten flexibel wechseln. Diese Kinder entwickelten eine „sichere Bindungsstrategie (Typ B)" (Ziegenhain 2006, S. 46). Kinder, welche ihre Bindungsperson nicht als sichere Basis nutzen können und durch die Interaktion ihr eigenes Verhalten und ihre Emotionen nicht wieder regulieren bzw. kein Gleichgewicht zwischen Bindung und Exploration herstellen können, haben eine eher unsichere Bindungsstrategie. Dabei werden die beiden Bindungsstrategien ‚unsicher-vermeidend' (Typ A) und ‚unsicher-ambivalent' (Typ C) unterschieden (ebd.). Kinder mit Bindungsstrategien vom unsicher-vermeidenden Typ verhalten sich neutral und lassen sich nach außen hin nicht anmerken, dass sie beim Verlassen der Bindungsperson unter Stress stehen. Diejenigen mit unsicher-ambivalenten Strategien gewinnen durch die wiedergewonnene Nähe zur Bindungsperson wenig Sicherheit zurück, sie klammern oder sind zurückweisend und können nicht wieder in die Exploration gehen (ebd.). Die unterschiedlichen Bindungsstrategien entstehen aufgrund der frühen Interaktionenerfahrungen. Kinder, welche keine Strategie entwickelt haben, wie sie mit solch belastenden Situationen umgehen, haben vermutlich ängstigende Erfahrungen in den Interaktionen mit den Bindungspersonen gemacht und eine hochunsichere bzw. desorganisiert Bindungsstrategie (Typ D) entwickelt, die als Risikofaktor für die weitere Entwicklung gilt (ebd., S. 48).

Kinder erkunden also nur dann unbefangen ihre Umwelt und gehen ihrer Neugierde nach, wenn sie sich in ihrem Umfeld geborgen und beschützt fühlen und eine sichere Basis haben bzw. diese auch für sich nutzen können. Das Bindungs- und Explorationsverhalten verhält sich demnach komplementär zueinander (Bowlby 1951 In: Becker-Stoll 2009, S. 12). Auf den ersten Blick scheint es für die Entwicklung des Kindes günstig zu sein, wenn das Verhältnis zwischen Verhaltensweisen von Bindung und Exploration ausgeglichen ist. Ainsworth et al. (1971) haben dies genauer betrachtet und als Resultat festgestellt, dass vor allem der reibungslose Übergang zwischen dem Bindungs- und dem Explorationsverhalten von Bedeutung ist. Es ergaben sich mehr Hinweise daraus, dass das Verhältnis ausschlaggebender für die kognitive und soziale Entwicklung ist, als die quantitative Menge von Bindungs- oder Explorationshandlungen. Weiterhin erwiesen sich die Qualitäten des Bindungsverhaltens und des Spiels als einflussreich (vgl. Grossmann/Grossmann 2011, S. 234). Auch nach den 70er Jahren wurde fortwährend sowohl mit entwicklungspsychologischen, als auch mit pädagogisch-psychologischen Studien zu den Auswirkungen von Beziehungen und der Entwicklung im Kleinkinderalter geforscht. Es konnte wiederholt festgestellt werden, dass die Selbstbildungsprozesse der Kinder wesentlich an ihre sozialen Erfahrungen geknüpft sind. Schon Säuglinge beginnen, wie bereits beschrieben, die ihnen entgegnenden Kommunikationsweisen zu verarbeiten, einzuschätzen und ihre Reaktionen anzupassen. Diese Ergebnisse finden sich sowohl bei Ainsworth/Bell (1974), als auch beispielsweise bei Hrdy (2002). Das Kind wird demnach schon sehr früh durch die Interaktionen dabei unterstützt, sich selbst zu regulieren und Verhaltensstrategien zur Bewältigung zu finden. Ist die Bezugsperson nicht feinfühlig oder in der Lage dem Kind entsprechende Unterstützung anzubieten, so kann sich dies in Verhaltensweisen niederschlagen, die davon zeugen, dass das Kind alleine versucht Regulationsmechanismen zu entwickeln und damit überfordert ist.

Feinfühligkeit wurde als Kompetenz der Bindungs- und Bezugspersonen in den genannten Studien jeweils operationalisiert und detailliert beschrieben. Eine feinfühlige Bezugsperson ist in der Lage die Sichtweise des Kindes einzunehmen und auf dessen Belange zu reagieren, ohne die eigenen Bedürfnisse in den Vordergrund zu stellen. Dabei gesteht sie dem Kind einerseits zu, seinem Neugierverhalten nachzukommen und ihm Bewegungsfreiheiten zu ermöglichen und ist andererseits zuverlässig greifbar, wenn das Kind von sich aus Unterstützung oder Schutz sucht. „Es schien, dass nicht so sehr das quantitative Verhältnis von Bindungs- und Explorationsverhalten bedeutsam war; wichtig schien zu sein, wie reibungslos der Übergang von einem zum anderen gelang, ebenso die Qualität des Bindungsverhaltens, wenn es aktiviert ist" (Ainsworth/Bell 1974 In: Grossmann/Grossmann 2011, S. 234).

3.3 Feinfühligkeit als Voraussetzung für einen sicheren Bindungsaufbau

Die Reaktionsbereitschaft der Bindungsperson (Responsivität) gegenüber den Signalen des Kindes ist ein zentraler Faktor für die entstehende Motivation und das Selbstvertrauen des Kindes, in seiner Welt kompetent zu Recht zu kommen und sich etwas zu zutrauen (vgl. Grossmann/Grossmann 2011, S. 214). Es erfährt welche Wirkungen seine Kommunikation hat und wird bei Erfolg dementsprechend auch weiter kommunizieren. Andere Strategien wird das Kind eher reduzieren oder ganz einstellen, wenn sie nicht die gewünschten Effekte erzielen. Eine feinfühlige, demnach verlässliche und vorhersehbare Bindungsperson, welche dem Kind Erfahrungen und Erlebnisse auch verbal widerspiegelt, trägt zur Weiterentwicklung kommunikativer Fähigkeiten erheblich bei. „Derartige Dialoge dienen dem Kind des Weiteren dazu, die eigenen Gefühle zu verstehen und sie in Bezug zu anderen zu setzen, so dass die Herausbildung der Identität auch Bezüge zu anderen enthält" (Sroufe 2001 In: Leu/v. Behr 2013, S. 113). Ainsworth und Bell (1972) haben hierzu 26 Mütter über eine längere Zeit beobachtet und ihre Reaktionen mit der Dauer des Weinens in den vier Quartalen des ersten Lebensjahres ihres Kindes verglichen. Dabei wurde ersichtlich, dass diejenigen Kinder, deren Mütter nicht reagierten, mehr und mehr weinten, was wiederum dazu führte, dass diese Mütter nach einigen Monaten noch weniger auf das Weinen der Kinder eingingen und sich widerstrebend zeigten. Die Kinder hingegen, deren Mütter häufiger und zeitnaher auf das Weinen reagierten, begannen eher differenziertere Arten der Kommunikation auszubilden. Sie weinten nach einigen Monaten weniger und verständigten sich abwechslungsreicher und durch deutlichere und subtilere Kommunikationsweisen (vgl. Ainsworth/Bell 1974 In: Grossmann/Grossmann 2011, S. 225). Das Reagieren der Mütter korrelierte demnach mit dem Weinen der Kinder, so dass von einer Unterstützung des Kindes hinsichtlich der Ausbildung differenzierterer und effektiverer Kommunikationswege ausgegangen werden kann, wenn die Mutter das Weinen des Kindes nicht ignoriert und darauf antwortet. Dies trägt zur Förderung der sozialen Kompetenz bei (vgl. ebd.). Weiterhin ergaben Untersuchungen des Intelligenzquotienten der Kinder im Zusammenhang mit einem unterstützenden und feinfühligen

Umgang durch die Mütter richtungsweisende Ergebnisse. Säuglinge, welche viel Bewegungsfreiheit bei gleichzeitiger feinfühliger Fürsorge durch die Bindungsperson bekamen, waren in ihrer psychomotorischen Entwicklung weiter fortgeschritten, als Säuglinge, deren Bindungsperson wenig feinfühlig war und sie mehr einschränkte. Vor allem wenn diese Einschränkungen mit Bestrafungen einhergingen, wurde eine Korrelation mit einer negativen Entwicklung im Alter von elf Monaten ersichtlich. Im Gegensatz dazu scheint die Bildung der Eltern zu diesem Thema keinen nennenswerten Einfluss auf die Entwicklung der Kinder zu haben, dies war weder mit acht noch elf Monaten feststellbar (vgl. ebd., S. 229ff.). Gibt sich die Bindungsperson dem Kind gegenüber feinfühlig, so bestehen auch gute Chancen, dass sich sichere Bindungsmuster entwickeln.

Ainsworth (1974) definiert feinfühliges Verhalten durch ein empathisches Einfühlungsvermögen, womit sie die „Signale des Babys und seine Kommunikation mit großer Fertigkeit und die Bedeutung selbst subtiler, minimaler und wenig offensichtlicher Merkmale erkennen [kann]" (Grossmann 1977, S. 104). Es ist ihr möglich die Perspektive des Kindes zu übernehmen und Mitgefühl für seine Reaktionen und Verhaltensweisen zu zeigen. Auch wenn Grenzsetzungen nötig werden verliert sie dieses Mitgefühl nicht, bringt es gegenüber dem Kind zum Ausdruck und bietet ihm eine Alternative an. Jeweils erfolgen die Reaktionen der Bindungsperson prompt auf die Zeichen des Kindes, auch schon auf feine Signale, sie erfolgen wechselseitig und sind in sich abgeschlossen, was zur Zufriedenheit beider Interaktionspartner führt (vgl. ebd.). Im Gegensatz dazu zeichnet sich die fehlende Feinfühligkeit dadurch aus, dass diese „nahezu ausschließlich ihren eigenen Bedürfnissen, Stimmungen und Aktivitäten […]" folgt (ebd. S. 107). Nur auf starke und wiederholte Signale des Kindes wird sie aufmerksam und reagiert darauf nicht angemessen, sondern verzerrt oder ignoriert sie auch zugunsten der eigenen Themen. Diese Interaktionen wirken unvollständig und stellen nicht zufrieden (vgl. ebd.). Zwischen einem sehr feinfühligem Verhalten und der fehlenden Feinfühligkeit beschreibt Ainsworth (1974) drei weitere Kategorien, die Mitte bildet die unbeständige feinfühlige Bindungsperson, die noch überwiegend feinfühlig reagiert, phasenweise aber blind für die Belange der Kinder ist oder unzugänglich für deren Signale.

Bei feinfühligen Reaktionen der Bezugspersonen entstehen sichere Bindungsbeziehungen, welche förderliche Auswirkungen auf die lebenslange Entwicklung und die Persönlichkeit des Kindes haben. Seit den Studien von Mary Ainsworth et al. aus den 70er Jahren gab es fortlaufend Bemühungen diese Aussagen differenziert zu untersuchen. Feinfühliges Verhalten wurde in den genannten Studien operationalisiert. Eine der Definitionen ist von Ziegenhain et al. (2011), demnach lässt sich feinfühliges Verhalten danach beurteilen

- „inwieweit Eltern in der Lage sind Signale und Bedürfnisse des Kindes wahrzunehmen, sie angemessen zu interpretieren und sowohl angemessen, als auch prompt darauf zu reagieren,
- inwieweit der Verhaltensausdruck der Eltern auf den jeweiligen Verhaltensausdruck des Kindes abgestimmt ist (Lächeln des Kindes wird aufgegriffen und erwidert vs. keine Erwiderung bei ausdrucklosem Gesichtsausdruck [...])
- emotional negativer Verhaltensausdruck:
- inwieweit und wie ausgeprägt und häufig Eltern ärgerliches, feindseliges und/oder aggressives Verhalten im Umgang mit dem Kind zeigen
- inwieweit und wie ausgeprägt und häufig Eltern emotional flaches, verlangsamtes Verhalten oder ein ausdrucksloses Gesicht zeigen" (Ziegenhain et al. 2011, S. 18).

Je feinfühliger Eltern oder andere Bezugspersonen, wie auch Erzieherinnen in der Krippe, mit den Bedürfnissen der Kinder umgehen, je wahrscheinlicher ist ein sicherer Bindungsaufbau. Das Kind kann die Reaktionen der Bezugsperson in diesem Fall einschätzen und profitiert davon. Dies unterstützt eine vertrauensvolle Beziehung und hilft dem Kind sich auf diese Sicherheit zu verlassen und seine Umwelt zu erkunden. Bei Schwierigkeiten wird es die Nähe zur Sicherheitsbasis suchen und seine Probleme oder sei Unbehagen auch offen kommunizieren, da es sich auf eine unterstützende und liebevolle Reaktion verlassen kann. So wird die eigene Wirksamkeit erlernt und verstärkt damit die eigenen Entwicklungsprozesse des Kindes. Einige Studien liefern Anhaltspunkte über die Auswirkungen von Bindungsbeziehungen und Interaktionserfahrungen in den ersten Lebensjahren und verdeutlichen damit deren Bedeutung. Rutter et al. (2001) stellten bei Heimkindern Defizite in emotionalen und intellektuellen Bereichen fest (Strauß/Buchheim/Kächele 2002, S. 122ff.). Diese Kinder hatten keine festen Bezugspersonen. Es waren vor allem stabile, emotionale Beziehungen hilfreich, um diesen Defiziten entgegen zu wirken (vgl. ebd.). Aufgrund der sensiblen Phasen in der frühen Kindheit wirken Lernerfahrungen, auch kurze Erfahrungen, prägend. Der „Grad der frühkindlichen geistigen Förderung und der Qualität des emotionalen Umfeldes beeinflussen die späten intellektuellen und sozioemotionalen Fähigkeiten" (Becker-Stoll 2006, S. 23). Auch neurobiologische Forschungen befassten sich wiederholt mit dem Thema Bindung und deren Auswirkungen und konnten eindeutige Befunde liefern. In Versuchen mit Ratten war im Falle einer Deprivation und der Separation von den Elterntieren eine verminderte Aktivität festzustellen, die auch zu längerfristigen synaptischen Veränderungen im Gehirn führte. Die Ergebnisse ließen auch Schlussfolgerungen für Säuglinge und Kleinkinder zu, bei denen sich nach Vernachlässigung oder vergleichbaren Belastungen eine Veränderung in den synaptischen Umschaltprozessen im limbischen System nachweisen ließ. Dies hat zur Folge, dass Verhaltensstörungen bis hin zu psychischen Erkrankungen auftreten können. Hingegen ist die Entwicklung des limbischen Systems im Säuglings- und Kleinkindalter auch mit emotionaler Förderung zu optimieren. Aus diesem Grund sollte diese Phase der Entwicklung eines Kleinkindes aus neurobiologischer Sicht genutzt werden, um eine Basis für die späteren sozio-emotionalen und auch Lernkompetenzen zu schaffen (ebd., S. 27ff.). Sichere Bindungsbeziehungen hingegen wirken als Schutzfaktor für den Aufbau der eigenen Kompetenz. Diese Kinder haben oft bessere Bewältigungsstrategien entwickelt und sind somit widerstandsfähiger gegenüber Belastungen. Des Weiteren finden sie oft effektivere Lösungswege bei Herausforderungen und sind sozial, emotional und kognitiv kompetenter, was auch mit dem Aufbau eines besseren sozialen Netzwerkes einhergeht (vgl. Brisch 2010). Fonagy et al. (2002) betonen die Bedeutung der Anpassung des Verhaltens der Bindungsperson an den kindlichen Emotionszustand. Vor allem die Spiegelung von affektiven Zuständen des Kindes wirke sich demnach deutlich auf die Fähigkeit des Kindes aus die eigenen Emotionen kennen und kontrollieren zu lernen, was ebenso zu einer höheren emotionalen Kompetenz bei sicher-gebundenen Kindern führt (Strauß 2008, S. 152ff.). Weitere Studien stützen Ergebnisse wonach sichere Bindungsstrategien zu einer positiveren Entwicklung des Kindes beitragen und dagegen frühe, negative Interaktionserfahrungen nachhaltigere und prägendere Folgen in der frühen Kindheit haben, als dies später der Fall ist. Die beispielhaft genannten Untersuchungen und deren Schlussfolgerungen ergeben die Bedeutung früher Interaktionserfahrungen, welche Kinder zentral und am häufigsten in den ersten drei Lebensjahren in ihren Familien machen. Für die frühkindliche, außerfamiliäre Betreuung in professionellen Einrichtungen zeigen diese Ergebnisse jedoch einen fachlichen Schwerpunkt auf, der eng mit der Person der Erzieherin verbunden ist.

Die Fähigkeit von Erzieherinnen feinfühlig mit den Kindern umzugehen hängt von mehreren Faktoren ab. Zum einen sollte die Erzieherin intuitive Kompetenzen besitzen, zum anderen müssen auch Bedingungen geschaffen sein, in denen es möglich ist dem Kind und seinen Signalen volle Aufmerksamkeit zu schenken, sich in sein Erleben einzufühlen und durch Begleitung und Beobachtung seine aktuellen Freuden oder Schwierigkeiten zu erkennen. Ist die Erzieherin mit den Aufgaben in der Krippe überfordert oder hat sie selbst außerordentliche psychische Belastungen, kann es selbst bei vorhandenen, feinfühligen Fähigkeiten dazu kommen, dass sie nicht mehr in der Lage ist die Bedürfnisse des Kindes wahrzunehmen, richtig zu interpretieren oder angemessen darauf einzugehen. Intuitive Kompetenzen können dann gegebenenfalls „gehemmt, überformt, verschüttet oder anderweitig außer Kraft gesetzt werden" (Papoušek 2004 In: Leu/v. Behr 2013, S. 125).

4 Fachkräfte

4.1 Aus-, Fort- und Weiterbildung in der Frühpädagogik

Einen Teil der grundlegenden Verantwortung für die Kompetenzen der Fachkräfte trägt die Ausbildung. Die Ausbildung der Erzieherinnen wird jeweils in den einzelnen Schul- bzw. Fachschulverordnungen der Länder geregelt und ist übergreifend in einer Rahmenvereinbarung des Kultusministeriums gefasst, die rechtlich jedoch nicht verbindlich ist (vgl. DJI 2006). Die dreijährige Ausbildung ist in fachtheoretische und fachpraktische Fächer aufgeteilt und wird durch zusätzliche Praktika ergänzt. Eine Analyse von Rahmenlehrplänen ergab in den verschiedenen Bundesländern jeweils verschiedene Handlungsfelder und unterschiedliche Quantitäten, welche die Themen zur Betreuung von Kindern unter drei Jahren beinhalten (vgl. Thanner 2009, S.18ff.). Die Inhalte reichen von theoretischen Grundlagenkenntnissen in einem Bundesland, bis zu ausschließlich praxisnahen Gestaltungsprozessen für Musik oder Bewegung ohne Schwerpunkten in Theorien in anderen; von entwicklungspsychologischen und bindungstheoretischen Grundlagen in Verbindung mit Kenntnissen aus der aktuellen Kindheitsforschung, bis hin zu Malen und Gestalten im Krippenalter. In manchen konnten keine konkreten Formulierungen gefunden werden, welche sich insbesondere auf die Krippenbetreuung beziehen (vgl. ebd.). Häufig finden sich Hinweise auf die Berücksichtigung der Frühpädagogik, nur vereinzelt sind Kinder unter drei Jahren explizit genannt (vgl. ebd., S. 21). Ein Lehrplan […] beschreibt als einziger ein Lerngebiet im Wahlbereich mit 120 Unterrichtsstunden, das spezifisch auf die Bildung, Betreuung und Erziehung von Kindern unter drei Jahren eingeht" (ebd., S. 22).

Während die Ausbildung vor 2000 nahezu ausschließlich über Fachschulen erfolgte, ist nun zu beobachten, dass es mehr und mehr Fachhochschul- und Hochschulstudiengänge gibt, welche Angebote zur frühkindlichen Bildung und Erziehung beinhalten und ausbauen. Parallel dazu finden aber auch Bemühungen statt die Fachschulausbildung weiterzuentwickeln (vgl. DJI 2006). In Deutschland scheint es klar geworden zu sein, dass im Bildungsbereich der frühen Kindheit Verbesserungsbedarf, auch hinsichtlich der Ausbildung der Fachkräfte, besteht.

Abbildung 2:   Pädagogisches Personal in Kindertageseinrichtungen 2010 nach
                  Ausbildungsabschluss in den alten und neuen Bundesländern
                  (vgl. Autorengruppe Bildungsberichterstattung 2010, S.
                  240; Aktualisierung der Tabelle C3-A4 durch die Dortmunder
                  Arbeitsstelle für Kinder- und Jugendhilfestatistik In: vbw 2012
                  (b), S. 78)

Pädagogisches Personal	Deutsch-land	Alte Bundes-länder	Neue Bundes-länder
Anzahl insgesamt	**379.006**	**299.155**	**79.851**
Davon in Prozent			
Diplom-Sozialpädagoginnen/- Sozialpädagogen u.a.	**2,9**	**2,9**	**2,8**
Erzieher/-innen u.a.	**71,7**	**67,5**	**87,6**
Kinderpfleger/-innen u.a.	**14,4**	**17,9**	**1,4**
Sonstige Sozial- und Erzie-hungsberufe	**1,2**	**0,9**	**2,2**
Gesundheitsberufe	**1,2**	**1,3**	**0,8**
Andere Abschlüsse	**2,5**	**2,5**	**2,2**
Praktikantinnen, Praktikanten	**2,4**	**2,9**	**0,5**
Ohne Abschluss	**3,7**	**4,0**	**2,5**

Aktuell arbeiten zum Großteil Fachkräfte mit der Ausbildung an einer Fachschu-
le oder Fachakademie als Erzieherinnen in allgemeinen Kindertageseinrichtungen. Gefolgt davon sind Kinderpflegerinnen am zweithäufigsten beschäftigt, sie
schließen in der Regel nach der Pflichtschulzeit eine zweijährige Berufsschule
ab. Das Schlusslicht bilden als wesentlich kleinster Anteil die Fachkräfte mit
Qualifikationen als Sozialpädagoginnen oder Pädagoginnen mit Fachhochschul-
bzw. Hochschulstudium. Es ist bis heute eine stetige Zunahme von Studienfä-
chern zu verzeichnen und auch im Bereich der Forschung ist spätestens seit dem
Kinderförderungsgesetz (KiFöG) die Aktualität im Bereich Bildung und Erziehung in der frühen Kindheit gegeben. Die Jugendfamilienministerkonferenz der
Länder (JFMK) und die Kultusministerkonferenz (KMK) haben sich, unterstützt
vom Bundesministerium für Familie, Senioren, Frauen und Jugend (BMFSFJ),
2013 zur Aufgabe gemacht bis 2020 die Umsetzung eines koordinierenden Ge-
samtkonzeptes zu verwirklichen, das Forschungsprogramme umfasst und welches die Studiengänge an Universitäten und Hochschulen themenbezogen erheblich ausbauen soll. Des Weiteren soll auf Einstellungen von Kinderpflegerinnen

in diesem einschlägigen Bereich verzichtet, die deutschlandweit einheitlichen, systematischen und zertifizierten Fort- und Weiterbildungen für die Fachkräfte verpflichtend werden und je Einrichtung mindestens eine auf Hochschulniveau ausgebildete Fachkraft tätig sein (vgl. vbw 2012 (b), S. 74f.).

Trotz oder gerade wegen derzeit noch bestehender, unterschiedlichster Modelle und Ausbildungs- bzw. Qualifikationsmöglichkeiten, gibt es Bestrebungen ein Rahmencurriculum für die Fachkräfte und Hochschulen zu entwickeln, welches Leitlinien und Grundlagen für alle Disziplinen zugänglich macht und somit zur Professionalisierung beiträgt. Die Robert Bosch Stiftung begann beispielsweise 2004 mit dem Programm „PiK - Profis in Kitas", um diesem Ziel näher zu kommen (vgl. Robert Bosch Stiftung 2008). In der aktuellen Bildungsforschung hat sich eine Differenzierung des professionellen Wissens von frühpädagogischen Fachkräften in drei Kategorien etabliert, dem Fachwissen („content knowlegde" = CK), dem fachdidaktischen Wissen (pedagogical content knowledge" = PCK) und dem allgemeinen pädagogischen Wissen (pedagogical knowlegde = PK)" (vbw 2012 (a), S. 17). Unter dem Fachwissen (CK) ist jenes Verständnis von Bildungsbereichen (z.B. Mathematik, Naturwissenschaften, Sprache) zusammengefasst, welches auch in den jeweiligen Bildungsplänen der Länder definiert ist, wie etwa in den Handlungsempfehlungen zum Orientierungsplan für Bildung und Erziehung in Niedersachsen, die Grundsätze elementarer Bildung in Einrichtungen der Kindertagesbetreuung im Land Brandenburg oder dem Bayerischen Bildungs- und Erziehungsplan, um nur manche zu nennen. Das fachdidaktische Wissen (PCK) bezeichnet die Kenntnis über die Abläufe von Bildungsprozessen und deren Voraussetzungen, Fördermöglichkeiten und Strukturen bei Kindern unter drei Jahren. Es umfasst also die Kenntnis darüber, wie sich Kleinkinder Wissen und Kompetenzen aneignen können. Hierunter fällt beispielsweise das Bild vom Kind als aktiver Part in seinem eigenen Bildungsprozess, wie es unter anderem von Schäfer (2001) erläutert wird. Die dritte Kategorie des allgemeinen pädagogischen Wissens (PK) bezieht die Kenntnis um entwicklungspsychologische und bindungstheoretische Grundlagen mit ein und stellt das Wissen dar, welches auch für die Gestaltung von Beziehungen und Interaktionen ausschlaggebend ist (vgl. vbw 2012 (a), S. 17). Alle drei Kategorien sind für eine erfolgreiche und gewinnbringende Betreuung von Kindern unter drei Jahren in einer Einrichtung notwendig und müssen Teil der Qualifizierung sein. Manche Bereiche sind bereits klar und deutlich definiert und finden in der Praxis Anwendung, bzw. lassen sich überprüfen. Beispielsweise gelingt es innerhalb der Krippe Pläne darüber aufzustellen wann und wie die verschiedenen Bildungsbereiche mit Angeboten abgedeckt werden können. Die Effekte der Förderung einzelner Bildungsbereiche können mit einschlägigen, standardisierten Testverfahren abgefragt und beleuchtet werden. Schwieriger wird es in den beiden weiteren Bereichen. Auf welche Art und Weise Kinder lernen, wie weit sie in ihrer individuellen Entwicklung sind und was für die jeweilige Beziehungsgestaltung notwendig ist, ist in der Praxis nicht gleichermaßen greifbar und bedarf sowohl der Beobachtung und Reflexion, als auch eines fundierten Wissens in diesen Bereichen. Die sogenannten epistemologischen Einstellungen (vgl. ebd., S. 20), also die Einstellungen der Einrichtung zu den Lern- und Entwicklungsprozessen der Kinder kann zwar konzeptionell festgeschrieben sein, hängt jedoch eng an den persönlichen und fachlichen Einstellungen der Fachkräfte, welche diese Konzepte ausgestalten und umsetzen sollen. Ebenso einflussreich sind die Vorstellungen der Erzieherinnen darüber, was Kindern vorrangig vermittelt werden soll bzw. welche Kompetenzen für die Kinder am wichtigsten sind. Hierzu meinte eine Krippenerzieherin, die selbst Mutter einer Tochter im Schulalter ist, in einem narrativen Interview (2012) folgendes:

> „ [...] wenn ich von mir ausgehe [...] mir wars das Wichtigste [...], das Wichtigste, dass sich mein Kind da wohl fühlt. Weil, ob es die Farben lernt, ob es lernt mit drei oder mit fünf, das war mir eigentlich nicht so wichtig, sondern das Wohlfühlen, da gerne hingehen und sich wohl fühlen. Das andere ist sicher auch wichtig, aber (.) wenn ich mich wo wohlfühle, dann kann ich mich auch entwickeln, dann passiert da   ganz viel von ganz alleine. Und dieses Wohlfühlen das versuchen wir halt {in der Krippe} [...]" (Interview mit einer Krippenerzieherin).

Sie beschreibt damit als Grundlage der Entwicklung das Wohlbefinden des Kindes und macht mit der Prämisse „Bindung vor Bildung" (Brisch 2010, S. 27) deutlich, dass Kinder unter drei Jahren nur mit vertrauten Personen und dem Wissen auf eine Bezugsperson zurückgreifen zu können, explorieren und sich ungehindert weiterentwickeln können. Die Erzieherin nimmt dies als ihre erste und zentrale Aufgabe in der Krippe wahr und stellt die Inhalte der Bildungspläne zeitlich hinten an, was auch dem Eingewöhnungsprozess entspricht. Modelle und Methoden zur Eingewöhnung in den Krippen zählen mittlerweile zum grundlegenden Qualitätsstandard und sind unverzichtbar zu Beginn einer jeden Fremdbetreuung von Kindern unter drei Jahren. Ein Beispiel hierfür ist das Eingewöhnungsmodell von INFANS, es unterscheidet verschiedene Stufen wie die Vorbereitung, die Grundphase, den Entscheidungstag, die Stabilisierungsphase und die Schlussphase (vgl. Laewen/Andres/Hédervári-Heller 2011). Zu Beginn einer Krippenbetreuung ist es Aufgabe der Erzieherinnen dieses oder ein vergleichbares Modell erst einmal für alle Kinder umzusetzen, bevor diese angekommen sind und weitere Projekte geplant werden können. Meist nimmt dies einige Woche in Anspruch und muss im Sinne des Kindeswohls Vorrang vor allen anderen Tätigkeiten in der Krippe haben. In der Praxis erlebt die Erzieherin dies jedoch als Schwierigkeit, da hohe Anforderungen an nachweisbaren Fördermaßnahmen in den Bildungsbereichen bereits oder sogar vermehrt in der Kinderkrippe nachdrücklich von den Eltern und der Gesellschaft ins Zentrum der Aufmerksamkeit gestellt werden.

> „[…] weil die Kinder machen unwahrscheinlich gerne Hände waschen und das ist so wichtig (…) das muss ich aber wieder verkaufen, einer Mama verkaufen, wenn das Kind naja dann leider Gottes dann im Überschwang von oben bis unten nass ist und ich es dann auch umgezogen habe. Aber was da, was da Wichtiges gelernt wird, das muss man verkaufen wieder. Ja weil sonst heißt es 'ja die Pritscheln den ganzen Tag'. Ja das ist diese große Gefahr und das ist bei uns, das läuft halt bei uns über ganz viel also auch im Kindergarten aber unten {in der Krippe} noch ganz viel mehr, dass die alles in den Mund rein stecken oder so, was natürlich nicht gewünscht ist, aber das ist eine ganz normale Entwicklung, also das ist ganz schwierig manchmal" (Interview mit einer Krippenerzieherin).

Die Frage ist, welche personalen Kompetenzen neben dem einschlägigen Fachwissen wichtig sind, um den bereits dargestellten Bedürfnissen von Kleinkindern adäquat begegnen zu können. Nachfolgende Anregungen sind nicht nur für die themenspezifischen Module der Frühpädagogik einer grundlegenden Ausbildung zur Erzieherinnen gedacht, sondern ebenso für einschlägige Fort- und Weiterbildungsangebote für sonstige Fachkräfte, welche in Einrichtungen der Betreuung für unter dreijährige Kinder tätig sind. Es werden die einzelnen Kompetenzen beschrieben und hinsichtlich ihrer Relevanz erläutert und abschließend in einem Überblick im Kapitel sechs dargestellt. Dabei ist im nächsten Kapitel von Studierenden, als auch von Auszubildenden, Erzieherinnen und Sozialpädagoginnen die Rede, da alle von unterschiedlichen Richtungen der Qualifizierung jedoch vom gleichen Themenkomplex betroffen sind. Fortlaufende Maßnahmen zur Qualifizierung, sowohl in der Praxis, als auch in der Theorie sollten in diesem Arbeitsfeld ebenso selbstverständlich sein wie in anderen psychosozialen Berufsgruppen und Einsatzbereichen, in denen täglich professionelle Beziehungsarbeit geleistet wird.

4.2 Kompetenzen

Zentral für die Entwicklung in den ersten Lebensjahren und das Wohlbefinden der Kinder in der Krippe wird die Beziehung zu ihren Bezugserzieherinnen angesehen. Die oben beschriebenen Bindungsbeziehungen bestehen nicht nur zu einer Hauptbezugsperson und werden, wie schon erwähnt, mit der Zeit auf mehrere Personen ausgeweitet. Kleinkinder nehmen Beziehungen zu Personen auf, welche sie regelmäßig sehen und mit ihnen interagieren, so auch zu den Fachkräften in den Einrichtungen der Kinderbetreuung. Es ist fraglich, ob diese Beziehungen mit der Qualität von Eltern-Kind-Beziehungen verglichen werden können. Immerhin haben Eltern psychologisch in der Regel einen erheblichen Vorteil. Sie lieben ihr Kind, haben am meisten Interesse an seinem Wohlergehen seit dem Tag seiner Geburt und verbringen gerne gemeinsame Zeit mit ihm. In der Krippe hingegen müssen diese Gegebenheiten erst durch ein neues Kennenlernen geschaffen werden und die Erzieherin muss ihre Aufmerksamkeit auf mehrere Kinder mit höchst unterschiedlichen Charakteren verteilen. Hierbei sind auch die Rahmenbedingungen einer Einrichtung zu berücksichtigen, die ebenso die Qualität beeinträchtigen können. Eine Erzieherin ist unter Umständen nur eingeschränkt in der Lage feinfühlig mit einem Kind umzugehen und achtsam Beziehungen aufzubauen, wenn sie zeitgleich zu viele Kleinkinder betreuen und für weitere Aufgaben zur Verfügung stehen muss. Diese Rahmenbedingungen sollen an dieser Stelle jedoch nicht weiter behandelt werden. Sie stellen ein weiteres wichtiges Thema dar, wenn es um die Qualität von Kindertageseinrichtungen geht, der den Bereich der personalen Kompetenzen zweifellos tangiert, aber thematisch anders zu verorten ist. In der vorliegenden Arbeit stehen die Fachkräfte mit ihren personalen Attributen im Fokus und die Beziehungen zwischen den Kindern und ihnen.

Betrachtet werden in einigen Studien die Mutter-Kind-Beziehungen im Vergleich zu den Erzieherinnen-Kind-Beziehungen. 40 internationale Studien wurden von Ahnert et al. (2006) zusammengetragen und hinsichtlich ihrer Ergebnisse ausgewertet. Dabei kristallisierten sich drei Schlussfolgerungen immer wieder heraus, welche für die Tätigkeit mit Kleinkindern in der Krippe interessant erscheinen und Berücksichtigung finden sollten:

- Relative Unabhängigkeit zwischen der Entstehung der Erzieherinnen-Kind-Beziehung und den familiären Beziehungserfahrungen des Kindes.
- Es treten häufiger sichere Bindungsbeziehungen von den Erzieherinnen zu den Mädchen, als zu den Jungen, auf.
- Die Qualität der Bindung hängt eher mit einer professionalisierten Erziehertätigkeit in der Gruppe, als mit der summarischen Individualbetreuung einzelner Kinder zusammen (Leu/v. Behr 2013, S. 115).

Die zentralen und sich deckenden Erkenntnisse aus diesen Studien sind auch für die vorliegende Arbeit von Interesse. So konnte Gappa (2008) durch Untersuchungen nachweisen, dass ein Großteil der weiblichen Fachkräfte Beziehungen zu Mädchen bevorzugte. Als Annahme lag die Hypothese zugrunde, dass die eigene Geschlechtsidentität dies begründet. Beeinflusst wurde die Neigung zu den jeweiligen Beziehungen zu Mädchen oder Jungen wesentlich dadurch, ob die

Erzieherinnen selbst Töchter oder Söhne hatten. Diejenigen Erzieherinnen, die in ihrer eigenen Lebenswirklichkeit Erfahrungen mit Söhnen gemacht haben, konnten leichter sichere Bindungsbeziehungen zu Jungen herstellen (vgl. Leu/v.Behr 2013, S. 116). Dies stellt ein Beispiel dafür dar wie sehr eigene Erfahrungen die professionelle Tätigkeit in der Krippe tangieren. Die Definition der Identität, frühkindliche Interaktionserfahrungen und Erlebnisse im Lebenslauf wirken sich, vermutlich zum Großteil auf unbewusster Ebene, auf die Gestaltung der Beziehungen zu den Krippenkindern aus. Reflexionen und ein Bewältigen von möglichen Schwierigkeiten können nur dann erfolgen, wenn einerseits das Fachwissen um die Bedürfnisse der Kinder vorhanden und das Kind mit seinem Thema im Fokus ist und zum anderen bewusste Erfahrungen mit der eigenen Biografie und den Facetten der eigenen Persönlichkeit gemacht wurden.

Wenn es um die Qualifizierung von Krippenfachkräften geht, dann ist die zentrale Frage welche Kompetenzen zu fördern notwendig sind, um den besonderen Bedürfnissen von Kindern unter drei Jahren entsprechen zu können bzw. welche Eigenschaften eine gute Erzieherin ausmachen.

Dazu bietet es sich an, den Begriff der Kompetenz genauer zu betrachten und zu beschreiben, um ihn nicht nur alltagstheoretisch nutzen zu können. Eine explizite Definition scheint jedoch nicht möglich zu sein. Schon im Duden finden sich einige Bedeutungen und Synonyme, die sehr unterschiedlich sind, wie Fähigkeit und Zuständigkeit oder auch Talent und Sachverstand (Bibliographisches Institut GmbH 2013). Weinert (2001) zeigt auf, dass sich der Begriff der Kompetenz auch in der wissenschaftlichen Verwendung oft widerspricht (vgl. Hartig 2008, S. 18). So werden Kompetenzen etwa als auf spezifische Kontexte bezogene kognitive Leistungsdispositionen, aber auch als für die Bewältigung anspruchsvoller Aufgaben notwendige motivationale Orientierung definiert (vgl. auch Klieme 2004 In: Hartig 2008, S. 16). Beide Definitionen sind beim Thema der Qualifikation von Krippenerzieherinnen relevant. Sowohl fachliches Wissen und das kognitive Erlernen von theoretischen Grundlagen und deren Zusammenhängen, als auch die Umsetzung in die Praxis mit allen Problemstellungen, Einzelfällen und individuellen Persönlichkeiten verlangen nach Bewältigungsstrategien der Erzieherin auf kognitiver, aber auch auf emotional-motivationaler Ebene. In der PISA Studie wird bei Kompetenzen von „prinzipiell erlernbare[n], mehr oder minder bereichsspezifische[n] Kenntnisse[n], Fertigkeiten und Strategien" ausgegangen (Baumert/Stanat/Demmrich 2001, S. 22 In: Hartig 2008, S. 17). Das DFG-Schwerpunktprogramm „Kompetenz-modelle zur Erfassung individueller Lernergebnisse und zur Bilanzierung von Bildungsprozessen" verwendet ebenso eine entsprechende Definition für die Untersuchung von Bildungsprozessen. Beide Definitionen gehen jeweils davon aus, dass sich die Kompetenzen auf einen bestimmten Kontext beziehen und sich durch diese Eigenschaft von Begriffen, wie z.B. der Intelligenz, abgrenzen, die nicht kontextabhängig sind (vgl. Hartig 2008, S. 17f.). Unter Berücksichtigung der Ergebnisse des zweiten Kapitels liegt es nahe, dass bei Krippenerzieherinnen nicht zentral die kognitiven Kompetenzen von Bedeutung sind, sondern neben ihnen weitere personale Eigenschaften in einem Begriff von Kompetenz mit einzuschließen sind. Hierfür wird eine Differenzierung zwischen den kognitiven und emotional-motivationalen Kompetenzen, welche auch Einstellungen, Sichtweisen und Erwartungen beinhalten, notwendig. Nach Weinert (2001) können durch die Trennung auch wechselseitige Betrachtungsweisen erfolgen (vgl. Hartig 2008, S. 19). Dies ist von zentraler Bedeutung, da davon auszugehen ist, dass einige Persönlichkeitsmerkmale die Tätigkeit in den Krippen, oft auch unbewusst, beeinflussen. So hängt das Entstehen einer Beziehung zwischen einem Kleinkind und seiner Betreuerin nicht nur von dem kognitiven Wissen der Erzieherin über die Bedürfnisse von Kleinkindern ab, sondern werden beispielsweise auch von den eigenen Gefühlen der Erzieherin dem Kind gegenüber und umgekehrt tangiert. Gerade in diesem Kontext, wenn der Beziehungsaufbau zwischen den Kindern und ihren Bezugspersonen in der Krippe so wichtig für deren weitere Entwicklung ist, nehmen personale Eigenschaften eine wesentliche Rolle ein.

Seit einigen Jahren findet in der Frühpädagogik der Ansatz der Prozessmodelle Anwendung, bei dem die pädagogische Situation als Ausgangspunkt beschrieben und darauffolgende Prozesse des Verstehens und Handelns der Fachkräfte abgebildet werden. Durch konkrete Beschreibungen von Handlungsanforderungen können sie zur Kompetenzentwicklung beitragen (Anders 2012, S. 13f.). Beispiele für Kompetenzmodelle sind das Projekt PiK – Profis in Kitas (2008), der Qualifikationsrahmen der Bundesarbeitsgemeinschaft Bildung und Erziehung in der Kindheit (BAG-BEK) (2010) und die Weiterbildungsinitiative Frühpädagogische Fachkräfte (WiFF) (2011) (ebd.).

Das Kompetenzmodell (Abb. 3) unterscheidet bei Fachkräften zwischen den Grundlagen, der Motivation und der Umsetzung von Handlungen in hochkomplexen Alltagssituationen und beschreibt Kompetenz demnach als wechselseitiges Zusammenspiel von theoretischen Fachwissen, motivationalen und methodischen Fertigkeiten, eigenen Erfahrungen und der daraus resultierenden Wahrnehmung und Analyse der jeweiligen Situation (vgl. vbw 2012 (a), S. 15). Eine zentrale Kompetenz der Erzieherin ist es dabei, die Handlung im pädagogischen Kontext dementsprechend zu evaluieren und sie selbst zu reflektieren, um daraus wiederum zu lernen und zusätzliche eigene Kompetenzen entwickeln zu können.

Abbildung 3:   Kompetenzmodell für Erzieherinnen und Erzieher (vgl. Fröhlich-
Gildhoff/Nentwig-Gesemann/Pietsch 2011 In: vwb 2012 (a), S.
14)

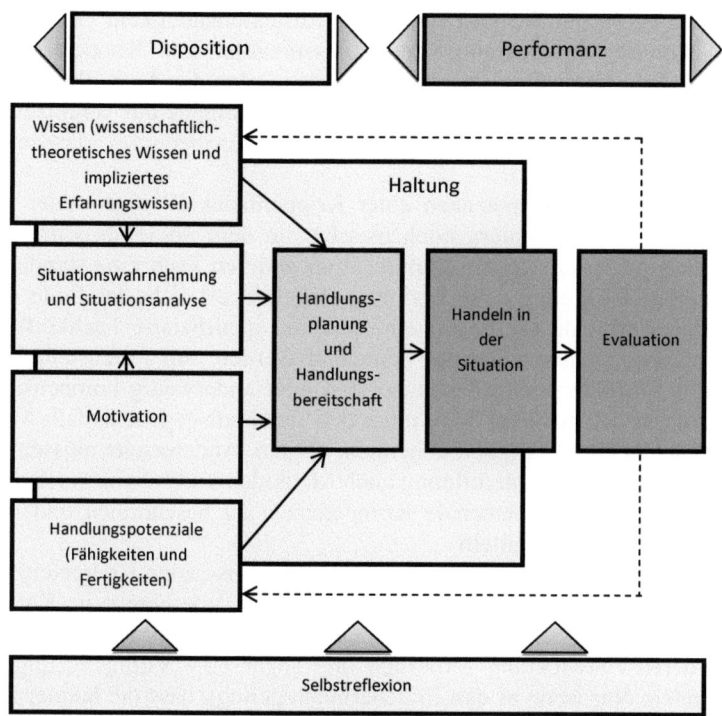

Der Kompetenzbegriff in der vorliegenden Arbeit muss demnach zum einen die
kognitiven Fähigkeiten und den Erwerb von Fachwissen und zum anderen die
motivationale, emotionale und soziale Kompetenz, welche durch Vorerfahrungen, Erwartungshaltungen, Sensibilität und weitere Charaktereigenschaften beeinflusst ist, umfassen. Es werden nachfolgend einzelne Merkmale beschrieben,
die den genannten Kompetenzbereichen zugeordnet werden können und die für
eine Eignung als Krippenerzieherin betrachtet werden sollen.

Neben der begrifflichen Bestimmung der Kompetenz ergibt sich eine weitere Schwierigkeit, nämlich die der Messung. So gibt es zwar zum Beispiel für das
Konstrukt der sozialen Kompetenz eine Definition, jedoch noch kein Verfahren
zur Messung, welches allgemein anerkannt ist (vgl. Hartig 2008, S. 20). Ähnlich

verhält es sich mit Persönlichkeitsmerkmalen. Untersuchungen und Projekte der Robert Bosch Stiftung (2011) stellten das Selbst- und Rollenverständnis von Erzieherinnen als einen wichtigen Einflussfaktor für die berufliche Professionalität heraus und fassen fünf zentrale Kompetenzfacetten zusammen, die in diesem Zusammenhang zu nennen sind und zwar: Reflexionsfähigkeit, Offenheit, Forschende Haltung, Entwicklung von Professionalität und Kooperationsbereitschaft. Die Forschung über das Vorhandensein oder die Auswirkungen dieser Kompetenzen in der Praxis ist jedoch noch am Anfang, da nur vereinzelt Instrumente zur Verfügung stehen, welche diese Kompetenzbereiche erfassen können (vgl. Anders 2012, S. 25).

Die personalen Kompetenzen einer Krippenfachkraft sind weder deutlich und allgemein gültig definiert, noch messbar, in dem Sinne, dass die Eignung standardisiert überprüft werden könnte. Zum anderen kann eine standardisierte Überprüfung der Eignung einer Erzieherpersönlichkeit nicht das Ende des Prozesses sein. Merkmale die gegen eine passend qualifizierte Fachkraft für die Krippe sprechen, müssen genauer betrachtet werden, um festzustellen, ob die Merkmale zu fördern oder aufzubauen sind oder anderweitig kompensiert werden können. Ist das nicht der Fall, muss der Fachkraft gegebenenfalls von einer fachspezifischen Berufstätigkeit abgeraten werden. Andererseits müssen in Ausbildung und Fort- und Weiterbildung auch Methoden und Inhalte verfügbar sein, die es möglich machen personale Kompetenzen zu beschreiben und diese zu fördern bzw. auch zu vermitteln.

Zunächst sollen die einzelnen Merkmale der personalen Kompetenzen einer Krippenerzieherin genannt und beschrieben werden. Wie bereits im Kapitel drei erläutert, ist ein möglichst feinfühliger Umgang mit Säuglingen und Kleinkindern für deren Entwicklung förderlich und sogar eine Voraussetzung für ihr Wohlbefinden. Nur wenn es den Erzieherinnen gelingt, dass die Kinder zu ihnen eine Bindung und Vertrauen aufbauen, ist ein entspannter Krippenalltag möglich, der als Gestaltungsraum für erfolgreiche, frühkindliche Bildung und Erziehung genutzt werden kann.

Des Weiteren beeinflussen eigene Vorerfahrungen, Normen und Werte ebenfalls die erzieherischen Ziele und die Interaktion mit den Kindern. Die Erzieherin selbst hat eine eigene Persönlichkeit mit Stärken und Schwächen, welche die Beziehung zwischen ihr und dem Kind maßgeblich mit prägt. Oft ist das Fachwissen vorhanden, kann aber nicht in die Praxis umgesetzt werden (vgl. Dr. Strätz In: Gerwig 2010, Kapitel 1.2; 1:00). So kann das Wissen um die Notwendigkeit der Feinfühligkeit alleine im alltäglichen Umgang nicht ausreichend sein, wenn die Erzieherin persönlich und emotional für die Belange der Kinder nicht sensibel oder zugänglich genug ist. Kompetent zu sein muss demnach verstanden werden, als für ‚etwas besonders in der Lage zu sein' (vgl. Gerwig 2010, 1.3;

0:15). Bezogen auf die Krippenbetreuung kann davon ausgegangen werden, dass sowohl bestimmte fachliche, als auch persönliche Kompetenzen in Kombination vorhanden sein müssen, um die Bildungs- und Erziehungsarbeit in der frühen Kindheit leisten zu können. In fachlicher Hinsicht scheint es, neben den pädagogischen und ethischen Grundlagen, ausschlaggebend zu sein, Inhalte der Entwicklungspsychologie und Bindungstheorie zu kennen, um dann mathematische, naturwissenschaftliche, soziale, emotionale und sprachliche Förderungen ermöglichen zu können. Im gemeinsamen Orientierungsrahmen der Kultusministerkonferenz (2010) heißt es zur Kompetenz der Fachkräfte:

> „Erforderlich ist, dass sie über eine professionelle Haltung verfügen, die eine Entfaltung frühkindlicher Lern- und Entwicklungsprozesse und eine partnerschaftliche Zusammenarbeit mit den Eltern ermöglicht und gleichzeitig den Schutz, die Sicherheit und die Pflege der Kinder als einen Teil des Bildungsauftrages versteht" (KMK, 2010 S. 5).

Personale Kompetenzen wurden in der Frühpädagogik bislang eher wenig zum Thema gemacht, obwohl die Bedeutung eine zentrale ist (vgl. Gerwig 2010, 1.4; 0:43). Strätz (2010) nennt die innere Haltung der Erzieherin und ihre eigene Einstellung auch als einen Faktor der beruflichen Persönlichkeit. Gelassenheit und ein hohes Selbstbewusstsein tragen dazu bei den Kindern Zeit lassen zu können, deren Bedürfnisse in den Vordergrund zu stellen und sich nicht von äußeren oder inneren Zwängen leiten zu lassen. Ruhe und Selbstvertrauen sind auch das Fundament dafür, den Leitgedanken des Hirnforschers Gerald Hüther verwirklichen zu können, nämlich die Kinder „einzuladen, zu ermutigen und zu inspirieren die Welt zu entdecken" (ebd. 1.4; 3:00).

Da die Erzieherinnen Modelle sind und die eigenen Beziehungen zu den Kindern reflektieren sollen, hebt Strätz (2010) hervor, dass sich die Erzieherinnen zu jeder Zeit beim Kind rückversichern sollten, ob sie dieses richtig verstanden haben. Altruistisch zu sein ist eine Voraussetzung der Kompetenz Feinfühligkeit (vgl. ebd.). Nur wenn dem Kind und seinen Belangen Achtung entgegengebracht werden kann und die eigenen Bedürfnisse des Erwachsenen hinter die des Kindes zurückgestellt werden können, gelingt ein wertschätzender und somit feinfühliger Umgang. Damit der Fachkraft dies gelingen kann, muss sie auch sich selbst regulieren können, d.h. Problemlöseressourcen zur Verfügung haben, um bei Misserfolgen nicht zu resignieren und ein emotionales Lebensgefühl besitzen, welches Ausgeglichenheit fördert und nicht in Frustration mündet (vgl. Albisser 2009 In: Anders 2012, S. 24). Diesbezüglich untersuchten Schaarschmidt/Fischer (1998) unterschiedliche Charaktere, um Risiko- und Ressourcenmodelle zu finden. In den Ergebnissen ließen sich vier Strukturen voneinander unterscheiden. Während kreatives, überengagiertes, wenig effizientes, selbstausbeuterisches Verhalten und ein gehemmter Wille zur Problemlösung zu tendenziellen Erschöpfungszuständen und Burn-Out führte, stellten sich die Orientierung an beruflicher Kompetenz und vor allem der Schutz eigener Ressourcen als die besten Ressourcenmodelle heraus, was mit einer geringen Resignation bei Misserfolgen einherging und mit hohen Selbstwirksamkeitserwartungen korrelierte (vgl. Anders 2012, S. 24).

Die Kultusministerkonferenz (2010) nennt unter anderen auch folgende personale und soziale Kompetenzen: Eine pädagogische Grundhaltung, die durch Wertschätzung, Empathie und Authentizität geprägt ist, Selbstreflexivität, Belastbarkeit und Selbstständigkeit, Kommunikationsfähigkeit und die fortlaufende Bereitschaft von Fort- und Weiterbildungen (S. 8). In einem narrativen Interview (2012) beschreibt eine Krippenerzieherin aus der Praxis heraus, welche Eigenschaften aus ihrer Sicht für die Tätigkeit in einer Krippe von Bedeutung sind und stimmt damit weitestgehend mit den Vorgaben der Kultusministerkonferenz überein. Sie beschreibt die Anforderungen der Betreuung und Erziehung von Kindern unter drei Jahren als grundlegend unterschiedlich zur Berufstätigkeit im Kindergarten. Dabei hebt sie vor allem die Unterschiede in der Beziehungsgestaltung hervor und das intensivere Einbringen der eigenen Persönlichkeit und benennt die Kommunikation mit den Kleinkindern als Herausforderung, da ihnen andere Wege zur Verfügung stehen als älteren Kindern. Sie erwähnt in ihren Narrationen folgende Eigenschaften einer Krippenerzieherin als vorteilhaft für den Umgang mit Kleinkindern: Flexibilität, Spontanität, Reflexionsfähigkeit, Selbstbewusstsein, Kommunikationsfähigkeit und -bereitschaft und das Aufbauen und Zulassen von Nähe und Vertrauen, Flexibilität und Spontanität sind gefordert, da sich die Kinder mit ihren Interessen und Bedürfnissen nicht an Bildungspläne halten, sondern wechselnde Angebote einfordern, je nachdem was gerade Thema für das einzelne Kind ist und worin es gefördert werden kann. Die Bildungsbereiche durch verschiedene Spiel- und Lernangebote abzudecken fällt mit älteren Kindern einfacher, da sich diese mehr auf das Spielen, als auf die Beziehungen zu den Erzieherinnen konzentrieren können bzw. bereits eine Sicherheit erlangt haben und durch ihre Fähigkeiten kurze Zeiten abwarten zu können und verbale Erklärungen zu verstehen leichter mit Angeboten zufrieden zu stellen sind. Dies erfordert auf Seiten der Erzieherin auch eine Menge Selbstbewusstsein, da sie den Eltern und auch ihren Vorgesetzten gegenüber unter Umständen vertreten muss aus welchen Gründen zielgerichtete Angebote in einem bestimmten Bildungsbereich bislang noch nicht realisiert werden konnten. Sie kann fachlich darlegen welche alltäglichen und scheinbar banalen Aktionen bei den Kindern förderlich wirken, damit aber vermutlich nicht immer bei allen Beteiligten auf Verständnis treffen. In der intensiven Elternarbeit, im Austausch mit dem Träger oder der Einrichtungsleitung oder in der Zusammenarbeit mit

Kooperationspartnern ist die Fachkraft auf eine hinreichende kommunikative Kompetenz angewiesen, die es ermöglicht fachlich Stellung zu beziehen und Notwendigkeiten für die Betreuung der Kleinkinder zu erklären. Wesentlich wichtiger erscheinen ihre kommunikativen Fähigkeiten jedoch noch im Umgang mit den Kindern selbst. Hier sind sowohl die Bereitschaft zur Interaktion, als auch die Fähigkeiten auf allen Ebenen kongruent und feinfühlig, im Sinne von Anpassung der Sprache, Stimmlage, Mimik und Gestik auf den kindlichen Gemütszustand, zu kommunizieren notwendige Voraussetzung. Personen, die sich eher zurückziehen und soziale Kontakte mit anderen meiden, sollten reflektieren, ob das Berufsfeld das geeignete für sie ist. Die Kleinkinder sind auf die Interaktion mit der Erzieherin angewiesen und können diese nur offen und freundlich erleben und damit positive Beziehungserfahrungen machen, wenn auch die Erzieherin selbst Freude am Kontakt mit dem Kind hat und dies von sich aus anbietet. Ebenso verhält es sich mit dem Zulassen von Nähe. Säuglinge und Kleinkinder bilden ihren eigenen Selbstwert anhand von Erfahrungen mit ihrer Umwelt heraus. Die Erzieherinnen sollten aus diesem Grund gerne mit den Kindern zusammen sein und auch Nähe und Körperkontakt mögen, um dem Kind Geborgenheit zu vermitteln. Das Mögen von Kindern kann nicht erlernt, als zwangsläufig vorausgesetzt oder gar als ein professionelles, ohnehin bei Fachkräften vorausgesetztes Vorhandensein angesehen werden. Vielmehr ist es entscheidend, dass die Erzieherin über Kompetenzen der Selbstreflexion verfügt und eigene Anteile und Gefühle nicht leugnet, sondern betrachtet und entsprechend handelt. Verspürt sie einem Kind gegenüber Züge von Abneigung oder dergleichen, ist es wichtig dies mit Kolleginnen oder Supervisor zu thematisieren und geeignete Lösungsstrategien zu finden. Unter Umständen ist es angezeigt, dass dieses Kind vorrangig von einer anderen Bezugserzieherin betreut wird, wenn die Erzieherin keine Gründe für ihre Gefühle findet bzw. diese nicht hinreichend bearbeiten kann. Häufig sind es eigene Erfahrungen und Charaktereigenschaften, welche einer unbefangenen Beziehungsgestaltung mit anderen Menschen entgegenstehen. Es ist dann ein professionelles Handeln, wenn derartige Prozesse und Emotionen als normal und nicht verwerflich angenommen werden können und eine Betrachtung auf der Metaebene möglich wird.

Es wird deutlich welche Kompetenzen eine Fachkraft in der Krippe besitzen sollte, um den altersentsprechenden Bedürfnissen von Kleinkindern gerecht werden und eine optimale Förderung bieten zu können. Die Frage bleibt offen wie jene Kompetenzen erlernt bzw. vermittelt werden können und ob dies überhaupt möglich ist. Wenn im Rahmen einer Ausbildung oder eines Studiums Fähigkeiten, wie bereits beschrieben, entwickelt werden sollen, dann müssen die Inhalte auch die Entwicklung der Persönlichkeit zum Ziel haben und dies sowohl in konkreten Modulen als auch praxisbegleitend fortwährend verfolgen. Eine

Förderung von Basiskompetenzen, wie der Feinfühligkeit und Beziehungsfähigkeit, ist möglich, jedoch einfacher umzusetzen, wenn bei den Ausbildenden bereits Grundlagen vorhanden sind. Die Basis für personale Kompetenzen wird mitunter von eigenen Kindheitserfahrungen und auch begleitenden Lebensereignissen geprägt. Unterschiedlichste Charaktere mit verschiedenen Erfahrungen und Lebenswegen beginnen mit der Ausbildung zur Erzieherin. Es kann demnach kein Rezept dafür geben, wie sich all diese Persönlichkeiten zu Krippenerzieherinnen entwickeln können. Die Förderung und Ausbildung personaler Eigenschaften muss individuell anhand genereller Methoden erfolgen. Das Ziel dieser Methoden muss sein, sich „[…] mit der eigenen Person und Lebensgeschichte [zu befassen], aber auch Distanz zu sich als Person schaffen können und die beruflichen Fähigkeiten sachlicher einschätzen lernen" (Gerwig 2010, 3.1; 3:00). Dies macht Arbeitsweisen in der Aus- und auch in der Fort- und Weiterbildung notwendig mit denen an der Biografie gearbeitet werden kann, aber auch jene mit denen strukturierte Selbstreflexionen auf der Basis von Fachwissen möglich werden, um mehr objektives Verständnis für die Berufsrolle entwickeln zu können.

4.3 Motivation

Es sind demnach nicht nur die Inhalte der Ausbildung und bestimmte Persönlichkeitsmerkmale für die Eignung als Fachkraft in der Frühpädagogik entscheidend, sondern auch die Art und Weise wie sich die Erzieherin in ihre Rolle als Bezugsperson in der Krippe einfinden kann und welche Motivation sie hierfür mitbringt. „Bei der Einschätzung, ob sich pädagogische Fachkräfte zur Betreuung von Kindern unter drei Jahren im Rahmen einer Krippe eignen, können [beispielsweise] narrative Interviews geführt werden, die zur Einordnung der Beweggründe beitragen können. Diese Methode kann sowohl Träger oder sonstige Verantwortliche, als auch Erzieherinnen beim Entscheidungsprozess unterstützen. Als Anschauungsbeispiel wurde mit Sonja Brinkmann (fiktiver Name), einer Erzieherin in einer Kinderkrippe ein narratives Interview geführt. ‚Narrationen enthalten so drei wesentliche Darstellungsformen: Erzählen, Beschreiben und Argumentieren' (Kallmeyer/Schütze 1977 In: Hermanns 1991, S. 183). Die Erzieherinnen sollten erzählen wie sich aus der eigenen Biographie der Wunsch nach diesem Berufsfeld herausgebildet hat und was dazu beigetragen hat, dass sie heute insbesondere mit Kindern unter drei Jahren in Kindertageseinrichtungen arbeiten" (Müller 2012, S. 5). Frau Brinkmann berichtet von ihrer eigenen Entscheidung für den Beruf, die kaum fremdbeeinflusst gewesen oder äußeren Zwängen unterlegen sei. In den Jahren als Erzieherin habe sie sich verwirklichen können und die täglichen Aufgaben und Herausforderungen würden ihrer Persönlichkeit entgegnen. Für den Wechsel in die neu eröffnete Krippe habe sie sich bewusst und frei entscheiden können und sich mit Fachliteratur auf die Entscheidungen vorbereitet. Sie betont als Anforderung die Selbstreflexion, ein hohes, gefordertes Einfühlungsvermögen, die Notwendigkeit zur Spontanität und die Freude an der engen Bindung zu den Kindern und der Beziehung und Kooperation zu deren Eltern. Das Wohlempfinden der Kinder beschreibt sie als oberstes Ziel in der Krippe und Grundlage für alle darauf aufbauenden Prozesse. Die Freude daran sollte zentrale Motivation für die Tätigkeit in der Krippe sein und ist unabdingbar. Frau Brinkmann erzählt von eigenen positiven Kindheitserfahrungen mit ihren Eltern und ihren Erzieherinnen und geht davon aus, dass sie diese Modelle bewusst und vielmehr unbewusst an die Kinder weitergebe. Dies gebe ihr auch selbst ein Gefühl der Verwirklichung und Energie für den Arbeitsalltag. Das Interview zeigt, dass es in der kurzen Zeit möglich ist relevante Eckpunkte in der subjektiv erlebten Biografie der Erzieherin hervorzubringen, welche für die Beziehungsfähigkeit zu Kleinkindern wichtig sein kann. „Die innere Haltung, wie von Herrn Hüther betont, kann nicht [grundlegend] erlernt werden und sollte daher neben fachlichen Kompetenzen bei der Wahl des Tätigkeitsfeldes der Erzieherin zu Beginn mit berücksichtigt werden. Die Einstellung, die Freude am Beruf und zum Teil personale Kompetenzen können über ein narratives Interview zwar nicht vollständig erfasst werden, die Auswertung kann jedoch eine Basis für weitere Entscheidungsprozesse und Selbstreflexion bieten. Sowohl für die Kleinkinder, als auch für die Erzieherinnen selbst, werden die Interaktionen zur erheblichen Belastung, wenn der Erzieherin passende, persönliche Ressourcen fehlen" (Müller 2012, S. 14).

4.4 Erfordernisse bei der Förderung personaler Kompetenzen

Die Haltungen einer Erzieherin gegenüber Bindungsprozessen und den zu vermittelnden Inhalten sind affektive Einstellungskomponenten und können auch die Emotionalität der Kinder beeinflussen (vgl. Anders 2012, S. 22). Diese übernehmen nicht nur die kognitiv vermittelten Inhalte, sondern auch die damit verbundenen Emotionen. Dies könne nach Erden/Sönmez (2011) sogar zu einem Umgehen von Bindungsbereichen der Kinder zu Schulbeginn führen (vgl. ebd.). Dies ist nachvollziehbar, wenn davon auszugehen ist, dass Kleinkinder vor allem in den Beziehungen und sozialen Interaktionen mit ihren Bezugspersonen lernen und eigene Verhaltensweisen damit abgleichen und daran anpassen. So sollte die Erzieherin im Idealfall selbst Freude am Entdecken der Lernprozesse der Kinder haben und allen Bereichen positiv und mit Interesse entgegen kommen. Dies

erscheint jedoch unrealistisch, denn nicht alle Erzieherinnen sind in ihren Nei-
gungen und Charakteren gleich und unbelastet, ohne negative Gefühle gegenüber
manchen Sachverhalten. Wenn es also Erzieherinnen gelingen soll die Kinder
„einzuladen, zu ermutigen und zu inspirieren die Welt zu entdecken", dann stellt
dies auch eine Herausforderung an die Aus-, Fort- und Weiterbildung dar. Auch
die Auszubildenden sollten in ihrer Explorationsfreude gefördert werden und
ihre eigene Fähigkeit, die Welt der Kinder mit deren Augen sehen und entdecken
zu wollen, kennen lernen und ausbauen (Hüther In: Gerwig 2010, 1.5; 1:20). Der
Rahmen der Ausbildung kann dabei Gelegenheiten bereitstellen, Erfahrungen
mit dem eigenen Explorationsverhalten zu machen, indem eine entsprechende
Kultur in der Gemeinschaft gelebt wird. Auch die Lehrenden sollten eine gewisse Leidenschaft mitbringen ihrerseits die Studierenden zu inspirieren und Freude
daran haben in ihnen Potentiale entdecken zu können. Es sollte darauf geachtet
werden, dass die Auszubildenden häufig die Möglichkeit haben Wissen selbst zu
konstruieren (vgl. Cienfuegos In: Gerwig 2010, 4.0, 4:44). Ebenso wie für die
Kinder der Grundsatz von Schäfer (2001) gilt, dass Wissen nicht in sie hineinge-
füllt werden kann, ist dies auch auf Erwachsene anzuwenden. Es reicht in diesem
Fall nicht aus in Fortbildungseinheiten zu berichten, dass die Kinder eingeladen
und ermutigt werden sollten und dass die Erzieherinnen mit Kleinkindern feinfühlig umgehen, also auf deren Bedürfnisse adäquat und prompt reagieren, müssen. Eine ausschließlich kognitive Wissensvermittlung kann eine emotionale
Beteiligung der Erzieherinnen nicht ersetzen. Wenn es also um die Inhalte einer
krippenspezifischen Fort- oder Weiterbildung geht, dann sind nicht nur Aufzäh-
lungen dessen gefragt was vermittelt werden sollte. Vielmehr geht es darum,
Methoden und Herangehensweisen zu entwickeln, mit denen neben dem notwendigen Fachwissen auch eine Förderung personaler Kompetenzen gelingen
kann. Ein Erfordernis stellt dabei auch die parallele Herangehensweise dar. Denn
einerseits muss die Theorie als Grundlage dienen und präsent sein, damit Prozesse für die Erzieherinnen nachvollziehbar werden, und andererseits verlangt dies
nach einer Übung in der Praxis, da die Umsetzung ihrerseits ausschließlich auf
der Grundlage von theoretischem Wissen nur sehr eingeschränkt möglich sein
wird. Veränderungen und Neuerungen sind diesbezüglich offenbar angezeigt und
bedürfen inspirierender Methoden.

Beher/Walter (2010) machten im Auftrag des Deutschen Jugendinstituts eine bundesweite Erhebung bei 500 Weiterbildungsanbietern zu den aktuellen
Inhalten und deren prozentualem Vorkommen in Fort- und Weiterbildung für
frühpädagogische Fachkräfte. Ziel war es dabei, einen ersten bundesweiten
Überblick über die Angebotslandschaft von Bildungsmaßnahmen für Kindertagesstätten im Allgemeinen zu erhalten. Dabei wurden Kategorien und Themen in
einer Themenliste vorgegeben und danach gefragt, welche Bereiche angeboten

werden. Die meisten angebotenen Weiterbildungen bezogen sich auf Entwick-
lungs- und Bildungsprozesse von Kindern ab drei Jahren bis zum Schuleintritt
(74%), Zusammenarbeit mit Eltern (66%) und Entwicklungs- und Bildungsprozesse für Kinder unter drei Jahren (60%). Die Einzelthemengebiete Entwick-
lungs-psychologie (53%), Teamentwicklung (50%) und Kommunikati-
on/Gesprächsführung (47%) waren in den Angeboten auch mitunter am häufigsten genannt. Zusammengefasst kann festgestellt werden, dass zu 39 % alle über-
geordneten fünf Themenbereiche (Kinderbezogene Weiterbildung, Arbeitsplatz-
gestaltung, Team-entwicklung, familienbezogene und netzwerkbezogene Weiterbildung) von jeweils ein und derselben Organisation angeboten werden. Nur
10 % der Anbieter haben sich auf einen der fünf Bereiche spezialisiert. Die kin-
derbezogenen Themen sind in 96 % der Angebote präsent und stehen daher im
Fokus. „Insgesamt wird ersichtlich, dass es sich bei den […] Anbietern im Arbeitsfeld Kindertageseinrichtungen häufiger um Generalisten mit eher breiter
Programmpalette und weniger um Spezialisten mit begrenzterem Angebotsspekt-
rum handelt" (Beher/Walter 2010, S. 19). Darin kann sich widerspiegeln, dass
sich in den Anforderungen der Betreuung von Kindern ebenso vielfältige und
komplexe Themenbereiche finden, die von Fachkräften abgedeckt werden müssen (vgl. ebd.). Als schwierig kann sich das deshalb erweisen, weil explizites,
theoretisches Fachwissen eine tragfähige Grundlage für die Praxis darstellt und
eine oberflächliche bzw. knappe oder komprimierte Vermittlung komplexer
Themenfelder überfordernd oder verwirrend wirken kann. Des Weiteren verlangt
eine Vermittlung aller Themenbereiche auch nach spezialisierten Referenten,
welche eine gewinnbringende und in die Praxis zu transferierende Übermittlung
der Inhalte erreichen können. Es werden jedoch Themen wie Reflexionsprozesse
und Biografiearbeit bzw. persönlichkeitsbildende Maßnahmen nicht eigens erwähnt. Durch die Vorgaben der Studie mittels einer Themenliste mit 50 Items
kann es sein, dass diese zwar angeboten werden, aber durch die Erhebung nicht
erfasst werden konnten oder Bereichen, wie zum Beispiel der Supervision zugeordnet wurden. Die Erhebung beinhaltete jedoch auch eine offene Frage zum
ungedeckten Bedarf von Themengebieten in der Weiterbildung. Hier wurden
unter anderen die Stärkung personaler und reflexiver Kompetenzen von Erzieherinnen (21 Nennungen), Personalentwicklung (19 Nennungen) und weiterer
Bedarf bei Kindern unter drei Jahren (53 Nennungen) am häufigsten genannt.
Insgesamt wurden 532 Themen benannt, wodurch die Häufigkeit der drei, thematisch aufgezählten Nennungen keine große Bedeutung beigemessen werden
kann. Hier entsteht dennoch der Eindruck, dass die Weiterbildungslandschaft an
die gestiegenen und sich veränderten Anforderungen vor allem in Bezug auf die
Betreuung unter Dreijähriger angepasst werden muss und auch neue Möglichkeiten der Weiterqualifizierung aufzuzeigen sind.

4.5 Reflexive und biografische Ansätze als Methodik

Reflexionsprozesse und weitere personale Fertigkeiten sind in den Inhalten der aktuellen Aus-, Fort- und Weiterbildungslandschaft nach Beher/ Walter (2010) wenig bis kaum repräsentiert. Sie fehlen, wenn es um eine umfassende Qualifizierung von Krippenfachkräften geht, da sie eine Grundlage für anderweitige Prozesse darstellen. Auch scheint das Bewusstsein für die Wichtigkeit dieser Themenbereiche noch nicht hinreichend gegeben zu sein. Differenziert muss hier jedoch wieder zwischen Weiterbildungsangeboten für Kindertagesbetreuungen allgemein und dem speziellen Bereich der Krippenbetreuung werden, was in der vorgestellten Erhebung nicht gegeben war. Die Erzieherinnen werden in der Krippe zu Bezugspersonen, an denen sich die Kinder maßgeblich orientieren. Es sollte bei ihnen ein Bewusstsein darüber entstehen, dass sie die eigenen Wertvorstellungen reflektieren müssen. Ist dies nicht gegeben, besteht die Gefahr, dass Abneigungen, Ängste, oder auch Vorlieben und Einstellungen und dergleichen ungefiltert auf die Kinder projiziert oder übertragen werden. Dazu ist immer wieder eine Perspektivenübernahme wichtig. Wenn es der Erzieherin gelingt die Interaktionen und die soziale Umwelt auch aus Sicht des Kindes zu betrachten, dann kann sie deren Themen aufgreifen und darauf eingehen. Sie bemerkt dann auch die Wirkung des eigenen Verhaltens in der Interaktion und kann sich an der wechselseitigen Anpassung beteiligen. Diese Reflexionsprozesse sind nur zum Teil auf kognitiver Ebene möglich. Im Alltag ist die Erzieherin dabei vor allem auf ihre emotionalen Fähigkeiten auf der Beziehungsebene angewiesen, um Empathie und Mitgefühl für die Kinder aufbringen zu können. Wie unter Kapitel drei beschrieben, ist die Beziehung zwischen einem Kleinkind und seiner Bezugserzieherin in der Krippe für die Entwicklung des Kindes von wesentlicher Bedeutung. „Eine Beziehung haben zwei Menschen dann, wenn ihr Denken, Handeln oder Fühlen gegenseitig aufeinander bezogen ist" (Gerwig 2010, 1.6; 0:10). Da die Kompetenz Beziehungen zu anderen aufzubauen und aufrecht zu erhalten wichtig ist, um als Mitglied in der Gesellschaft bestehen zu können, ist auch die Vermittlung von funktionierenden Beziehungen und damit verbundenen positiven Erfahrungen für die Kinder wesentlich. Sie verinnerlichen die Interaktionen und Beziehungsebenen, welche ihnen begegnen und lernen dementsprechend. Dies machen sie umso mehr, je mehr sie der Situation und den Personen eine emotionale Bedeutung zuschreiben. „Kinder kucken nur hin, wenn der andere für sie bedeutsam ist" (Hüther In: Gerwig 2010, 1.5; 1:55). Gleiches gilt für die Beziehungen zwischen Erwachsenen. Auch diese beruhen auf gegenseitiger Rücksichtnahme und allgemeinen Kommunikationsregeln. Somit erscheint es wichtig, dass die Erzieherinnen selbst auch stabile Beziehungen haben können und ihrerseits in einem sozialen Netzwerk eingebunden sind. Die Ausbildung kann auch hierfür einer der geeigneten Orte sein, um neue Beziehungen entstehen zu lassen und sie zu pflegen. Der Rahmen der Erzieherausbildung ist ebenso ein System, in dem Verbindungen zwischen einzelnen Menschen geschlossen werden, Rollen verteilt sind und das zu Recht finden eine Voraussetzung für das erfolgreiche Bestehen darstellt. Dies sollte von Seiten der Einrichtungen als „Übungsfeld" genutzt werden (Diskovski In: Gerwig 2010, 1.6; 0:45).

Es ist eine Voraussetzung für die Beziehungsfähigkeit und die Möglichkeit sich in andere empathisch einfühlen zu können, wenn die Person selbst Zugang zu den eigenen Gefühlen und Bedürfnissen finden kann (vgl. Cienfuegos In: Gerwig 2010, 1.8; 0:45). Das Wissen und die Auseinandersetzung über die eigene Biografie, die eigenen Wurzeln und den Beziehungen und Einflüssen von Bezugspersonen bilden eine Grundlage der Persönlichkeitsentwicklung. Ansätze der Sozialpsychologie nach 2000 stellen heraus, dass in der heutigen ‚Risikogesellschaft', wie sie Ulrich Beck bezeichnet, die Anforderungen an die biografische Kompetenz mehr und mehr gestiegen sind. Sie ist zu einer zentralen Aufgabe für Heranwachsende und junge Erwachsene geworden, die lebenslang notwendig bleibt (vgl. Buchholz-Graf/Tischler 2008, S. 5). Im Gegensatz zu früheren Episoden steigen die Möglichkeiten eines jeden Individuums durch mehr Flexibilität und Mobilität in der Gesellschaft an. In Umfragen stellen in modernen Zeiten alt bürgerliche Werte und Normen, wie Zuverlässigkeit und Stabilität, wieder ein erstrebenswertes Gut dar (vgl. Schuldt 2004). Daraus wird ersichtlich, dass die maximalen Möglichkeiten der neuen Zeiten nicht nur positive Aspekte mit sich bringen. Bindende bzw. Struktur vorgebende Traditionen haben abgenommen und die Identitätsentwicklung wird für jeden Einzelnen zur neuen Herausforderung der „zweiten Moderne" oder „Risikogesellschaft" (Beck In: Buchholz-Graf/Tischler 2008). „Heute kommt es auf die individuelle Passungs- und Identitätsarbeit an, also auf die Fähigkeit zur Selbstorganisation, zum ‚Selbsttätigwerden' oder zur ‚Selbsteinbettung'" (Keupp 2003, S. 27). Kinder sollten aus diesem Grund bereits im Kleinkindalter die Chancen haben Basiskompetenzen auszubilden und eine stabile und zuversichtliche Persönlichkeit zu entwickeln. Es scheint vor allem notwendig zu sein, dass sie sich selbst dazu in der Lage fühlen mit neuen Situationen und Lebenslagen umzugehen und sich Problemlösestrategien zu erarbeiten, sowie Freude daran entwickeln können, Herausforderungen zu meistern. Dies ist in modernen Zeiten ausschlaggebender für ein erfolgreiches und zufriedenes Leben, als das Hineinfüllen beispielsweise mathematischen oder naturwissenschaftlichen Wissens in Kinder, welches vielleicht bereits nach kurzer Zeit nicht mehr aktuell ist. Angesetzt muss jedoch nicht primär bei den Bildungsplänen für die Kinder werden, sondern vielmehr beim Verständnis der Erzieherinnen für die Fähigkeiten und Erfordernisse in der Bildungs- und Erziehungsarbeit. Sie selbst müssen selbstsicher und zufrieden im

Leben stehen, oder sich zutrauen Schwierigkeiten zu bewältigen. Sie sollten biografische Kompetenzen mitbringen. Vor allem in sozialen Berufen, in denen auch der Mensch selbst mit seinen Stärken und Schwächen mit an den professionellen Prozessen beteiligt ist, sollte diese bewusste Auseinandersetzung mit dem eigenen Ich stattfinden.

Es bieten sich hierzu Methoden wie zum Beispiel die Biografiearbeit an, welche bereits in der Ausbildung vermittelt und angewendet werden können. Mit dem Zugang zu den eigenen Möglichkeiten und einem bewussteren Bild der Charaktereigenschaften, Normen und Werte wie auch sozialen Einbindung und emotionalen Beziehungen im Privatleben, verbessert sich die Fähigkeit zur Selbstreflexion. Eine gelungene Reflexion kann dann stattfinden, wenn Schwachstellen und eigene Grenzen festgestellt werden können, ohne, dass Zweifel am Selbstwert entstehen oder das Selbstvertrauen dabei geschädigt wird. Das Selbstverständnis kann in der Ausbildung gestärkt werden, indem durch Biografiearbeit einerseits das bewusste Bild einer wertvollen Persönlichkeit mit all ihren individuellen Stärken geschaffen wird und andererseits regelmäßig und selbstverständlich Feedbackprozesse stattfinden können. Das Annehmen von Kritik und das Eingestehen von Schwächen darf nicht die fundamentale Wertschätzung für die eigene Person schwächen.

Biografisches Arbeiten ist auf unterschiedliche Weisen möglich. Ein Beispiel stellen narrative Interviews dar, in denen Teilnehmenden ermöglicht wird frei über themenzentrierte Abschnitte aus ihrem Leben zu berichten. Hierdurch kann es möglich werden, dass neue oder klarere Perspektiven auf Lebensereignisse möglich werden oder Erklärungen gefunden werden. Zudem können negative Erlebnisse integriert und ein anderen, positiverer Blickwinkel entwickelt werden. Zum anderen sind auch größere Projekte wie das ‚Lebensbuch' denkbar, damit Erzieherinnen sowohl in der Ausbildung, als auch in Fort- und Weiterbildungsmaßnahmen durch Biografiearbeit ihre personalen Kompetenzen fördern. Eine Anleitung der Biografiearbeit erfordert von den Lehrenden selbst Kenntnisse über die Methode und Grundhaltungen, welche vorauszusetzen sind. So ist das Auseinandersetzen mit dem eigenen Lebenslauf für die Fachkräfte nur sinnvoll, wenn die Fachkräfte selbst diese Prozesse gehen und sich die eigene Biografie mittels moderierter Methoden selbst erarbeiten und dabei nicht von Ansichten oder Ratschlägen der Dozenten beeinflusst werden (Ruhe 2007, S.18). Es sind negative und positive Gefühle gleichermaßen erwünscht und das Heranführen an das offene Reflektieren eigener Gefühle, Stärken und Schwächen, wie es für jeden individuell möglich ist, als Aufgabe des Moderators zu verstehen. Das Anregen zum biografischen Erzählen kann am besten durch ehrliches und offenkundiges Interesse eines Gegenübers stattfinden, das nicht den Eindruck erweckt Informationen aus dem Erzählenden herausbekommen zu wollen (vgl. ebd.). Die

Auszubildenden oder Studierenden müssen sich dabei wohl fühlen, ihre Grenzen nicht überschreiten, sondern eine praktikable und gewinnbringende Möglichkeit der Auseinandersetzung mit der eigenen Identität und Selbstreflexion für sich selbst erlernen können. Sie werden während der Berufstätigkeit immer wieder darauf zurückgreifen können und müssen. Bei diesem Ansatz wird davon ausgegangen, dass ein zuversichtlicher und hoffnungsvoller Blick in die Zukunft besser möglich ist, wenn die Person mit ihrer Vergangenheit im Reinen ist (vgl. Vopel 2005). Das Erstellen eines Lebensbuches, oder ähnlichem, hat vier wesentliche Zielsetzungen. Als erstes soll die Frage nach den Wurzeln geklärt werden, vorhandene oder vergangene und einflussreiche Beziehungen analysiert und Ressourcen aufgedeckt werden, um ein klareres Bild vom eigenen Sein zu schaffen. Dann sollen subjektiv, prägend erlebte Ereignisse und Einschnitte bzw. Veränderungen während der Lebensgeschichte aufgezeichnet und verbal oder in anderer Form wiedergegeben werden. Mit ihnen soll ein Abbild dessen entstehen was einen Menschen beeinflusst hat und was ihn alles ausmacht. Damit verbunden entsteht häufig ein Gefühl der Kohärenz, es werden gegebenenfalls kontinuierliche Linien sichtbar, die zum heutigen Identitätsverständnis führen. Das letzte Ziel ist es die eigenen Wünsche und Zukunftsvisionen festzulegen und ein Bewusstsein dafür zu schaffen, welche Prioritäten Vorrang haben und wofür die Bemühungen eingesetzt werden sollen. Damit wird auch die Formulierung von Wert- und Normvorstellungen expliziter. Wie diese Ziele erreicht werden hängt vom Alter, Interesse und der Zusammensetzung der Teilnehmenden ab. In einem Lebensbuch sollten allgemeine, soziografische Daten, Fotos, Zeichnungen und Grafiken, Stammbäume oder Netzwerkkarten, sowie eine chronologische Übersicht enthalten sein (vgl. Lattschar 2007). Für die Darstellung und Erarbeitung der Inhalte des Lebensbuches werden unterschiedliche Methoden, wie Zeitleisten, Fotocollagen, Erinnerungsimpulse, Norm- und Werte-Bilanzierung, Rollenspiele, biografische Landkarten und viele mehr vorgeschlagen (vgl. Ruhe 2007; Ryan/Walker 2003). Eine fachlich angeleitete biografische Methode, wie zum Beispiel das Lebensbuch, ist für Fachkräfte, die mit Kindern unter drei Jahren geeignet, um eine Grundlage für selbstreflexive Kompetenzen zu entwickeln. Die eigene Identität wird intensiver betrachtet und Auswirkungen von Einstellungen oder früheren Erfahrungen auf die Beziehungsgestaltung mit den Kindern können bewusster erkannt werden. Zudem eröffnet es die Option das Selbstvertrauen zu stärken und mit Kritik und dem Erkennen eigener Schwächen offener und selbstbewusster umgehen zu können, was als zentrale Kompetenz in der Krippenpädagogik beschrieben wird.

Neben oder nach der Ausbildung ist dies auch eine Aufgabe der Träger und Leitungen von Einrichtungen der Kindertagesbetreuung. Regelmäßige und durchgängige Besprechungen und Feedbackrunden sollten in einer Atmosphäre der Wertschätzung möglich und selbstverständlich sein. Gerade wenn Beziehungen zu Kindern Teil der Berufstätigkeit sind, sollte eine Art der Supervision selbsterklärend vorhanden sein. Nicht jede Erzieherin und jedes Kind haben die besten Chancen hervorragende und gewinnbringende Beziehungen zueinander aufzubauen. Es kann passieren, dass die Charaktereigenschaften oder familiären Gegebenheiten eines Kindes bei der Erzieherin negative Gefühle aufgrund eigener Vorerfahrungen auslösen. Dies geschieht im Allgemeinen eher unbewusst und zeigt sich in Schwierigkeiten beim Beziehungsaufbau mehr versteckt. Dabei ist es wichtig, dass die Erzieherin die Möglichkeit hat die Probleme, z.B. während der Eingewöhnungsphase des Kindes, genauer und auch die eigenen Anteile dabei kritisch zu betrachten, ohne, dass ihr dies zum Nachteil in der Arbeitsstelle wird. Schwierigkeiten einzelner Kinder oder Erzieherinnen in der Krippe sollten als Herausforderung angesehen, und mit Interesse im kollegialen, professionellen Zusammenwirken bearbeitet werden können. Ergebnisse aus Forschungen der Neurobiologie haben ergeben, dass Lernen am ehesten und leichtesten gelingt, wenn es ganzheitlich mit Kopf, Herz und Hand geschehen kann (vgl. Hüther In: Gerwig 2010, 5.0; 2:35ff). Eine emotionale Beteiligung muss gegeben sein, damit die Inhalte oder Erkenntnisse für die jeweilige Fachkraft bedeutsam werden können und nachhaltig abzuspeichern sind. Nur wenn ein Erstaunen oder Begeisterung beim Menschen hervorgerufen wird, dann werden Botenstoffe im Gehirn gesendet, welche für eine Abspeicherung verantwortlich sind (vgl. ebd.).

5 VIA-QiKi - Eine Methode zur Förderung der Feinfühligkeit

5.1 Selbstreflexion als Voraussetzung zur Qualifizierung

Eine Methode, welche gleichzeitig theoretische Grundlagen der frühkindlichen Entwicklung, Bindungstheorie und Praxisbezug beinhaltet, durch die bei den Erzieherinnen Selbsterfahrung und Erstaunen hervorgerufen werden kann und durch welche es den Fachkräften möglich ist Lösungen selbst zu erarbeiten, stellt die ‚Video-Interaktions-Analyse zur Qualifizierung in Kinderkrippen' (VIA-QiKi) dar. Sie kann auf der Grundlage von Selbstreflexion vor allem die Feinfühligkeit der Fachkräfte stärken. Die Methodik ist geeignet, um bestehenden Schwierigkeiten in der Interaktion oder der Teilhabe von Kindern an der Gruppe zu begegnen, als auch um neue Mitarbeiter in der Kinderkrippe, Praktikanten oder Auszubildende durch feinfühlige Beispiele und Modelle praktisch einzuarbeiten. Dabei stützt sich die Methode vor allem auf wissenschaftliche Erkenntnisse und bietet eine strukturierte Vorgehensweise mit operationalisierten Kriterien an. Es soll eine forschungsbasierte Möglichkeit aufgezeigt werden mit der ein abstrakter Begriff wie die Feinfühligkeit fassbar und damit verstehbar gemacht werden kann.

Hierzu wurde ein Pilotprojekt durch geführt, in dem ein Forschungs- und ein Handlungsaspekt beschrieben wurde, die jeweils beliebig wiederholt werden können, um einerseits die Fähigkeiten der Feinfühligkeit objektiv und nachvollziehbar zu beschreiben und zum anderen eine strukturierte Form der Reflexion und Sensibilisierung der Fachkräfte zu erreichen. Als Handlungsforschungsprojekt wurde dies mit drei teilnehmenden Krippen erprobt. Der Zeitpunkt der Durchführung war kurz nach der Eingewöhnungsphase zu Beginn eines Kindergartenjahres und somit in einer entscheidenden und herausfordernden Zeit sowohl für die Kinder, als auch für die Fachkräfte. Verschiedene Krippenerzieherinnen, erfahrene und neu eingestiegene, haben sich auf diesen Versuch einlassen können. Nachfolgend wird eine bündige Einführung in die Methode und das Projekt beschrieben.

Abbildung 4: Übersicht über die Durchführung des
Handlungsforschungsprojekts

Erprobung des Projekts zur Förderung der Feinfühligkeit von Krippenfachkräften		
	Krippe 1	**Krippe 2**	**Krippe 3**
Teilnehmer:	Erzieherin A Junge (1,7 Jahre)	Erzieherin B Mädchen (1,7 Jahre)	Erzieherin C Mädchen (1,0 Jahre)
Forschungsstrategie:	- qualitativ - zirkuläres Verfahren - Einzelfallstudien - Auswahl nach dem Zufallsprinzip		
Datenerhebung:	- jeweils am gleichen Wochentag, drei Wochen hintereinander; - in einer natürlichen Situation, während des Essens vormittags in der Gruppe; - kurz nach der Eingewöhnungsphase		
Auswertung:	- von Videosequenzen mittels eines standardisierten Auswertungsrasters (Anhang 8.1) - Operationalisierung mit deduktiv abgeleiteten Kategorien - Forschungstagebuch		
Reflexion:	ein vertrauliches Einzelgespräch nach der Durchführung und Auswertung anhand der Videosequenzen und unter zu Hilfenahme des Auswertungsrasters		

Ziel der Video-Interaktions-Analysen ist es zu eruieren, ob die Erzieherinnen in den Krippen den Bedürfnissen der Kinder im Kleinkindalter nach Sicherheit, Bindung, Exploration und Interaktion gerecht werden können, damit diese in den sensiblen Phasen ihrer Entwicklung gefördert werden und keine Einschränkungen erleben. Betrachtet man die vorher beschriebenen Grundlagen der Bindungstheorie, dann ist anzunehmen, dass personale Kompetenzen der Fachkräfte von zentraler Bedeutung für das kindliche Wohlbefinden und die Entwicklung sind. Ebenso ist davon auszugehen, dass die Art und Weise der Interaktionen Aufschluss darüber geben, wie feinfühlig die Betreuungspersonen mit dem Kind umgehen und wie es dem Kind in diesem Kontext geht. Ein promptes und angemessenes Reagieren auf die gesendeten Signale des Kindes bedeutet feinfühlig gegenüber dem Kind zu agieren. Die Feinfühligkeit ist deshalb so wichtig, weil sie ausschlaggebend für einen sicheren Bindungsaufbau ist und dies wiederum enorm positive Wirkungen auf die frühkindliche Bildung und Entwicklung hat (siehe Kapitel drei). Das zentrale Erkenntnisinteresse der Forschung durch Interaktionsbeobachtungen in der Krippe ist demnach, ob der Bezugserzieherin ein feinfühliger Umgang mit dem Kind gelingt. Die Intention des Handlungsaspektes ist die Steigerung der Interaktionsqualität im Einzelnen, demnach eine Verbesserung der Prozessqualität. Das bessere Verständnis des Kleinkindes, seiner Kommunikation und seiner Bedürfnisse dürfte auch positive Auswirkungen auf die Zusammenarbeit mit den Eltern und kooperierenden Institutionen haben. Insbesondere soll es den Erzieherinnen hinsichtlich der Feinfühligkeit und der Förderung der Exploration und frühkindlichen Bildung ermöglicht werden sich selbst zu reflektieren und damit die eigenen Handlungsoptionen auszudifferenzieren. Wenn das Bewusstsein der Fachkräfte in den Einrichtungen hinsichtlich der sensiblen Phasen des Kleinkindalters und deren Bedeutung geschärft ist, dann kann eine qualitative Weiterentwicklung der Krippenbetreuung erreicht werden.

Das Erkenntnisinteresse wurde mit Hilfe von Videoaufnahmen in den Krippen verfolgt. Diese wurden anschließend in Sequenzen unterteilt und anhand eines Rasters deskribiert und standardisiert ausgewertet. Die Nullversion dieses Rasters (siehe Anhang 8.1) beinhaltet folgende Punkte:

- Allgemeine Daten
- Deskription
- Intuitive Schlussfolgerungen
- Abstimmung der Reaktion der Fachkraft auf die Bedürfnisse des Kindes
- Merkmale von Bindungserfahrungen
- Intuitive Kompetenzen
- Skala der Feinfühligkeit

Die ausführliche Deskription einer Sequenz enthält teilweise transkribierte Stellen, häufig aber nonverbale Äußerungen der Kinder und Erzieherinnen sowie weitere Details über die Abläufe der Situation. Die Sequenz und Deskription wird dann vor einer standardisierten Auswertung von der bzw. dem Durchführenden intuitiv eingeschätzt und verbalisiert. Dies ist einerseits neben der kognitiven Auswertung fachlich notwendig (zur Vertiefung siehe Laewen/Andres 2007) und zum anderen dient dieser Schritt der Reflexion eigener Anteile der oder des Durchführenden.

Im Hauptteil des Auswertungsrasters wird feinfühliges Verhalten im nächsten Schritt operationalisiert. Die Definition von Feinfühligkeit wird mit deduktiv abgeleiteten Kategorien codiert (vgl. Knoblauch 2004, S.127). Da die Kategorien von der beschriebenen Fachliteratur abgeleitet und gebildet wurden und auf Einzelfälle angewendet werden, erfolgt dies deduktiv. Diese Kategorien enthalten wiederum einzelne Indikatoren von Feinfühligkeit. Damit dient die Operationalisierung als strukturierende und standardisierte Grundlage mit deduktiv abgeleiteten Indikatoren für die Auswertung der einzelnen Videosequenzen. Das Raster beinhaltet hierfür die Abstimmung zwischen den kindlichen Bedürfnissen und den Reaktionen der Erzieherinnen, Bindungserfahrungen, intuitives Elternverhalten und eine Skala zur Einschätzung der Feinfühligkeit. Dabei wurden die Bindungserfahrungen in einzelne Komponenten unterteilt, jeweils beschrieben und mit Beispielen unterlegt. Nach Booth et al. (2003) können fünf davon zusammengefasst werden, nämlich Zuwendung, Sicherheit, Stressreduktion, Explorationsunterstützung und Assistenz (Ahnert 2010, S. 14). Wie bereits beschrieben explorieren Kinder dann, wenn sie sich sicher und geborgen fühlen. Dies ist dann gegeben, wenn sie wissen, dass sie eine zuverlässige Person in Reichweite haben bei der sie sich selbst auch rückversichern können und die jederzeit für sie und ihre Belange verfügbar ist. Eine Erzieherin zeigt dies dem Kind zum Beispiel, indem sie sich um Blickkontakt zum Kind bemüht, angemessenen Körperkontakt aufnimmt und die Bemühungen des Kindes nach Kommunikation oder Rückversicherung freundlich und offen beantwortet. Doch nicht nur inhaltlich sind diese Reaktionen auf die kindlichen Signale wichtig zu betrachten, auch sollten diese in Mimik, Gestik, Sprache und Stimmlage kongruent sein. Durch eine angemessene Geschwindigkeit, kurze Sätze und verständliche Worte, sowie durch eine melodische, dem kindlichen Verhaltenszustand angepasste Stimmlage kann den Bezugspersonen das Herstellen von emotional getönten verbalen und nonverbalen Dialogen gelingen, welche für die Kinder positive Kommunikationserfahrungen darstellen (vgl. Michaelis/Haas 1990 In: Laewen/Andres 2011). Die affektiv-integrative Verhaltensregulation wird durch die Abstimmung zwischen den Signalen des Kindes und den angemessenen Reaktionen der Bezugserzieherin erleichtert. Ebenso werden frühe Erfahrungen für das Kind strukturiert und sich gerade entwickelnde Fähigkeiten unterstützt (Papoušek/Papoušek 1990 In: Domogalla S. 11 ff.). Solange das Kind genügend Sicherheit hat und seiner Neugierde nachgeht, sollte es von der Erzieherin darin nicht unterbrochen werden. Erst wenn negative Reize drohen, sollte diese zum Schutz des Kindes vor hemmenden Erfahrungen eingreifen bzw. je nach Situation Hilfestellungen anbieten und dem Kind, wenn möglich, die Entscheidung überlassen, ob es diese in Anspruch nehmen möchte. Neben den fünf Komponenten von Booth et al. (2003) sind noch das Aktivitätsniveau, die sensorische Stimulation und die Grenzsetzung weitere Bindungsmerkmale, die es im Krippenalltag zu berücksichtigen gilt. In der Praxis stellt sich dies bei kognitiver Betrachtung als sehr komplex heraus. Kleinkinder versuchen ihre Bedürfnisse zu befriedigen und haben noch keine Möglichkeiten diese lange aufzuschieben oder auf andere Rücksicht zu nehmen. Nicht alle Bedürfnisse können jedoch zum Schutz des Kindes und in der Gruppensituation durchgesetzt werden. Wichtig ist, dass die Kinder von Grenzsetzungen nicht frustriert, sondern dennoch in ihren Bemühungen empathisch aufgefangen und bestätigt werden. Sie brauchen als Selbstbestätigung Mitgefühl und das Aufzeigen einer geeigneten Alternative. Denn ein weiteres ganz zentrales Bindungsmerkmal bei Kindern unter drei Jahren ist die Selbstwirksamkeit (GAIMH 2008, S. 17). Bereits sehr früh nehmen schon Säuglinge die Antworten aus der Umwelt auf ihre Verhaltensweisen wahr, passen ihre Reaktionen wiederum an und integrieren neue Erfahrungen. „Eine gesunde Selbstentwicklung beinhaltet, dass schon der Säugling und das Kleinkind das Gefühl erleben, selbst handelnd und Erzeuger von Wirkungen sowie motorischen und affektiv-emotionalen Interaktionen mit der Umwelt zu sein" (ebd.). Aufgabe der Erzieherin ist es diese Selbstwirksamkeitserfahrungen zu ermöglichen und positiv zu verstärken, weil das Kind in seiner Entwicklung darauf angewiesen ist sich selbst aktiv zu erleben und sich etwas zuzutrauen. Das Kind entwickelt Erwartungen an sich und die eigene Leistungsfähigkeit, je nachdem welche Erfahrungen es bereits gemacht hat. Erfolgt keine Bestätigung des eigenen Verhaltens, dann führt dies zu Irritationen. Die Videosequenzen werden hinsichtlich der einzelnen Merkmale durchgegangen und dahingehend dokumentiert und beschrieben, ob und welche positiven oder negativen Bindungserfahrungen das Kind jeweils in der Situation macht und welchen Beitrag die Erzieherin hierzu leistet.

Die Abstimmung zwischen den Signalen des Kindes einerseits und den Reaktionen der Erzieherin andererseits ist deshalb ausschlaggebend, weil Feinfühligkeit daran gemessen wird, ob die Signale wahrgenommen und richtig interpretiert wurden und ob darauf angemessen und prompt reagiert wurde (vgl. Ainsworth 1974 In: Grossmann 2011). Es muss einen gemeinsamen Fokus auf ein Thema geben, welches vom Kind vorgegeben wird. Es werden vor allem die Signale des Kindes, hinsichtlich der Merkmale von Explorations- oder Bindungsverhalten, und im Anschluss das darauf antwortende Verhalten der Erzieherin beobachtet. Eine Abstimmung ist nicht oder nicht vollständig gegeben, wenn die Erzieherin die Bedürfnisse des Kindes nicht oder verzerrt wahrnimmt oder nicht darauf reagiert.

Intuitive Kompetenzen, welche sich auf die kongruente Reaktion Fachkraft auswirkt, sind Mimik, Sprache, Gestik und die Stimmlage. So passen Erzieherinnen, die feinfühlig auf die Bedürfnisse der Kinder reagieren, ihre Stimmlage intuitiv an den kindlichen Emotionszustand an, d.h. sie sprechen beispielsweise anregend, um Aufmerksamkeit zu erlangen und senken ihre Stimme, um beruhigend auf das Kind zu wirken (ebd. nach Papoušek 2011). Diese intuitiven Verhaltensweisen von Erwachsenen gegenüber Kleinkindern sind im Repertoire eines jeden Menschen angelegt, aber je nach eigenen Erfahrungen, Situationen, Charaktere und weiteren Einflussfaktoren in unterschiedlichem Maße ausgeprägt.

Zum Schluss werden die Bindungserfahrungen, die Abstimmung und die intuitiven Kompetenzen im Raster zusammengefasst und in eine Skala der Feinfühligkeit eingeordnet. Diese wurde von Ainsworth (1974) in fünf Kategorien eingeteilt die von sehr feinfühlig bis zur fehlenden Feinfühligkeit reichte. Ergänzt wird diese Skala durch eine Definition von Ziegenhain et al. (2011), die auch die Kategorien von Ainsworth (1974) beinhaltet und zusätzlich die Abstimmung und Art und Weise des Verhaltensausdrucks der Bezugsperson miteinbezieht. Ausgehend von den genannten Ausführungen wird der Umgang einer Erzieherin mit einem Kind in der Krippe hinsichtlich der Feinfühligkeit beobachtbar. Das Raster dient zur Auswertung und danach als Grundlage und Instrument zur strukturieren Reflexion anhand typischer Bindungsmerkmale, intuitiver Kompetenzen und der Abstimmung zwischen den Signalen des Kindes und den Reaktionen der Erzieherin. Damit subjektive Eindrücke des bzw. der Durchführenden möglichst gering gehalten und vor allem reflektiert werden können, bietet es sich an zentrale Sequenzen mit unabhängigen, möglichst interdisziplinären Kooperationspartnern, vor einer abschließenden Auswertung und gemeinsamen Reflexion mit der jeweiligen Erzieherin, zu besprechen.

Die Ergebnisse aus der ersten Durchführung waren hinsichtlich der Feststellung der Feinfühligkeit sehr unterschiedlich. Eine Erzieherin ging durchwegs sehr feinfühlig mit den Kindern um, die zweite sehr feinfühlig bis feinfühlig und bei einer dritten teilnehmenden Erzieherin waren häufig wenig bis fehlende Merkmale von Feinfühligkeit in überfordernden Situationen zu erkennen. An allen drei Beobachtungstagen waren die Ergebnisse jedoch vergleichbar und unterlagen trotz teilweise recht unterschiedlicher Rahmenbedingungen keinen bedeutenden Schwankungen. Bei den Beobachtungen werden nicht alle Merkmale von Bindungserfahrungen in einer Sequenz sichtbar. Je nach Thema und Situation sind unterschiedliche Merkmale relevant. Einmal ist dies zum Beispiel das Explorationsverhalten und dessen Förderung und ein andermal das Bindungsverhalten und die Möglichkeiten auf Rückversicherung. Durch wiederholtes Betrachten der Sequenzen und eine genaue Deskription der Vorgänge und Verhaltensweisen können die situativ gegebenen Bindungserfahrungen, die intuitiven Kompetenzen und die Abstimmung dessen explizit erfasst und auch beschrieben werden.

Ein Beispiel für die Auswertung der Video-Interaktions-Analyse während einer Essenssituation in der Krippe von sehr feinfühligem Verhalten (8.3) befindet sich im Anhang. Darin zeigen sich in einer alltäglichen Situation mit ihren Schwierigkeiten und Anforderungen die Komplexität und Herausforderung des

Berufsfeldes. Gleichzeitig ermutigen die feinfühlige und gut strukturierte Verhaltensweise der Erzieherin im Musterbeispiel und die nachvollziehbaren Reaktionen des Kindes, das immer mehr Vertrauen fasst und sich in der Krippe eingewöhnt, dazu, genauer hinzusehen, mikroanalytische Forschungsmethoden anzuwenden und diese auch für die Weiterbildung zugänglich zu machen.

5.2 Effekte der Video-Interaktions-Analyse

Nach der Auswertung werden die Aufnahmen mit den Erzieherinnen zeitnah reflektiert. Hierfür werden die zuvor aufgenommenen Sequenzen gemeinsam betrachtet und die Erzieherin hat die Gelegenheit sich selbst in alltäglichen Interaktionen mit den Kindern zu beobachten und ihre Reaktionen einzuschätzen. Bei diesem Termin ist es wichtig, dass Ruhe und Zeit zur Verfügung steht, damit die Konzentration ungestört bei der Reflexion und den eigenen Emotionen und Gedanken bleiben kann. Die Zusicherung der Verschwiegenheit bezogen auf die Inhalte der Auswertung und der anschließenden Reflexion ist ebenso wichtig, um die Erzieherin nicht in Zwangslagen zu bringen und damit den Prozess zu hemmen. Weiterhin ist es fachlich nur dann sinnvoll, wenn eine offene Reflexion als gewinnbringende Methode zur eigenen Weiterentwicklung begriffen werden kann und keine Ängste entstehen müssen, dass die Eignung der Tätigkeit bei kritischen Inhalten, im Sinne von Verurteilungen oder Missbilligungen, in Frage gestellt wird. Grundsätzlich sollte daher die Reflexion in einem Zweiergespräch zwischen der Durchführenden und der Teilnehmenden stattfinden und für weitere Personen nicht zugänglich sein. Sofern es das Betriebsklima und Vertrauensverhältnis zulässt, kann es jedoch in manchen Einrichtungen auch möglich sein die Reflexion mit mehreren Mitarbeitern durchzuführen, was zu einem Profitieren aller führen kann. Dies sollte im Vorfeld sehr gut abgewogen werden. Auch sollten keine Gefühle von Prüfungssituationen oder dergleichen entstehen, sondern ein Beratungskontext hergestellt werden. In diesem soll es möglich sein Fragen zu stellen und Gefühle zu äußern, um eigene Emotionen reflektieren und somit bewusst zugänglich machen zu können. Eine offene und wertschätzende Haltung der Durchführenden gegenüber der Erzieherin und ihrer Tätigkeit ist die Grundlage für eine Beratung ohne Bewertung und mit einem lösungsorientierten Ansatz. Im Blick muss die Förderung bestehender Kompetenzen der Fachkraft sein, die bei positiven Anteilen ansetzt. Schwierigkeiten im feinfühligen Umgang mit den Kleinkindern dürfen dennoch nicht bagatellisiert oder gar geleugnet werden, sondern müssen konstruktiv thematisiert werden. Anhand der beschriebenen Definitionen der einzelnen Merkmale und Kompetenzen kann es gelingen auch jene Stellen zu reflektieren und zu besprechen, welche sich für die Erzieherin zwar auf der emotionalen Ebene passend oder auch nicht passend ‚anfühlen‘, aber von dieser kognitiv und sprachlich nicht erfasst oder erklärt werden können. Zudem sollte das Benennen von Bindungserfahrungen und intuitiven Kompetenzen mit all ihren Indikatoren dazu beitragen das Gespräch auf eine fachliche Ebene zu bringen. Im Zentrum stehen dabei immer die Erzieherin und ihre Selbstreflexion. Aufgabe der Durchzuführenden ist es diese durch Methoden wie zum Beispiel dem ‚Aktiven Zuhören‘ anzuregen. Die Äußerungen der Erzieherin und ihre Reaktionen sollten geachtet und aufgegriffen werden, denn es ist wichtig „den inneren Bezugsrahmen […] möglichst exakt wahrzunehmen, mit all seinen emotionalen Komponenten und Bedeutungen" (Rogers 1959, S. 37).

Bei einem ersten Durchsehen der Sequenz sollte die Erzieherin die Möglichkeit haben offen und frei über Gefühle, Gedanken und Einschätzungen zu berichten, wenn sie sich dies zutraut und auch möchte. Bei einem wiederholten Ansehen wird dann auch das zuvor vorgestellte und erklärte Auswertungsraster mit als Grundlage und Anhaltspunkt genommen, um einzelne Ausschnitte genauer betrachten und überdenken zu können. In der ersten Erprobung stellten sich bei den gemeinsamen Reflexionen mit den Erzieherinnen keine wesentlich neuen Erkenntnisse heraus, als in den Auswertungen bereits vorlagen. Die Erzieherinnen trafen im Wesentlichen die gleichen Einschätzungen bezüglich ihrer Feinfühligkeit in den vorgestellten Sequenzen, als das auch die Durchführenden taten. Die anschließenden Reflexionsgespräche zeigten in allen drei Fällen Erfolge und regten zu Perspektivenübernahmen an. Die Erzieherinnen erkannten Bedürfnisse der Kinder, welche ihnen zuvor im alltäglichen Geschehen nicht aufgefallen sind. Aus Sicht der Durchführenden waren vermehrt Reaktionen bei der Erzieherin zu beobachten, die wenig feinfühlig mit den Kindern umging. Sie stellte dies häufig selbst fest und begann von sich aus zu überlegen woran das liegt und was sich ändern könnte. Jedoch schrieb sie hin und wieder auch dem Verhalten des betroffenen Kindes die Ursache für die Problematik zu, was die beiden anderen Erzieherinnen nicht machten. Sie suchten stattdessen nach Ursachen und Lösungsmöglichkeiten im eigenen Verhalten und schienen durch das Betrachten und strukturierte Reflektieren der Sequenzen sensibilisiert für die Bedürfnisse der Kinder zu sein. So erkannten sie alle Feinzeichen der Kinder differenziert und machten Vorschläge zur Verbesserung der Interaktionen. Diejenigen Fachkräfte, die in der Durchführungszeit feinfühlig und sehr feinfühlig mit den Kindern umgingen, schätzten ihre Fähigkeiten diesbezüglich adäquat ein, waren aber zurückhaltend damit ihre positiven Anteile zu benennen, was das Gespräch der Reflexion beeinflusste. Hingegen fiel es ihnen leichter die Belange und Signale der Kinder und deren positive Entwicklung und Reaktion zu beschreiben, was indirekt wiederum die Leistung der Erzieherin erklärt hat. In diesen Gesprächen übernahm die Durchführende mehr die Gesprächsführung und erklärte auf fachlicher Ebene und mit theoretischen Grundlagen was auf den Sequenzen hinsichtlich der Unterstützung und Strukturierung der Bindungserfahrungen und der intuitiven Kompetenzen der Fachkräfte zu sehen war. Im Folgenden wird eine knappe Auswertung des Reflexionsgespräches mit der Erzieherin, die während der Durchführung sehr feinfühlig mit dem Kind umgegangen ist, beispielhaft vorgestellt. Es wird die Durchführung des Reflexionsgespräches betrachtet und bezogen auf den Erkenntnisgewinn während dessen reflektiert.

Die Erzieherin hat durch das Betrachten der Videosequenzen vor allem Erfolgserlebnisse und sieht das Kind und sich selbst bewusster in der Interaktion. Sie freut sich darüber, dass Anton sich an ihr orientiert und verzeichnet das als großen Fortschritt des Kindes. Gleichzeitig ist sie sehr kritisch mit ihrem eigenen Verhalten und betrachtet die Szenen fokussiert und differenziert im Hinblick auf die Bedürfnisse des Kindes. Zum Beispiel fragt sie sich, ob sie dem Jungen bereits zu früh oder gar zu bestimmt Hilfestellung beim Joghurtessen gibt und überlegt anschließend von sich aus und unter dem Einnehmen der Perspektive des Kindes was es in derartigen Situationen brauchen würde. Meist hält sich die Erzieherin mit eigenen verbalen Einschätzungen über ihr positives Verhalten sehr zurück und äußert sich vor allem dann, wenn sie Kritik anbringen möchte. Durchführende verlangt dann auch nicht weiter zwangsweise danach und fasst selbst anhand des Auswertungsrasters die gesehene Sequenz fachlich zusammen und benennt die gezeigten Bindungsmerkmale, intuitiven Kompetenzen und deren Kongruenz. Dabei berücksichtigt sie die Reaktionen der Erzieherin. Denn scheint diese davon nicht überzeugt zu sein, dann kann nachgefragt werden und wiederum ein Reflexionsprozess in Gang kommen. Nachdem mehrere Beispiele für gelungene Interaktionen durchgegangen wurden, spricht Durchführende eine Szene an, welche ihr aufgefallen ist. Dabei macht die Erzieherin kurz mit ihrer Körperhaltung und Gestik auf die Durchführende den Eindruck als versuche sie die Ablehnung des Kindes abzuschütteln, nachdem sie mehrere Male versucht mit dem Jungen in Blickkontakt zu treten. Die Interpretation des Verhaltens der Erzieherin erscheint vage, deshalb wird die Szene gemeinsam mit der Erzieherin mehrfach wiederholt angesehen. Auch die Erzieherin selbst kann ihre Reaktion, ein schnelles und plötzliches Aufrichten des Oberkörpers weg vom Kind nicht deuten und gibt an, dass ihr dies nicht bewusst gewesen sei. Insgesamt erklärt die Erzieherin, dass Sie es als hilfreich empfunden habe einen anderen Blickwinkel auf sich selbst zu bekommen, da es trotz des Wissens, ihre Arbeit gut zu machen, auch vorkomme, dass sie in gewissen Situationen verunsichert sei und sich fragt, ob die Reaktion nun richtig oder falsch gewesen ist. Auch betont die Erzieherin zwischendurch immer wieder, dass sie vom Blick und dem jeweiligen Gesichtsausdruck einzelner Kinder in den Videosequenzen überrascht sei. Im Alltag würde sie das nicht immer so detailliert mitbekommen. Das Reflexionsgespräch gibt Hinweise daraufhin, dass das Projekt die Sensibilität der Erzieherin verstärkt hat und sie dadurch manche Interaktionen differenzierter betrachten und Denkanstöße zur Selbstreflexion mitnehmen konnte.

Das Gespräch mit der Erzieherin, die während der Durchführung wenig feinfühlig mit den Kindern umging, war insofern effektiver, als dass sie mehr zur aktiven und verbalen Selbstreflexion angeregt werden konnte. Aufgrund der Verunsicherung der Erzieherin und deren ausdrücklichen Wunsch nahm der Kollege aus der gleichen Krippengruppe an der Reflexion teil. Dieser zeigte sich empathisch und damit unterstützend für den Prozess und verhielt sich zu jeder Zeit wertschätzend seiner Kollegin gegenüber. So gelang es der Erzieherin sich selbstkritisch gegenüber zu treten und relativ offen an die Reflexion heranzugehen. Sie war in der Lage wenig feinfühliges Verhalten ihrerseits zu erkennen und zu verbalisieren. Zudem entstand dabei mehr Empathie für die Kinder, als es im Alltag der Fall war. Auch stellte sie sich selbst und den Anwesenden Fragen wie manche Situationen besser zu lösen oder welche konkreten Verhaltensweisen hilfreich gewesen wären. Es stellte sich auch hinsichtlich der Rahmenbedingungen eine Überforderung der Fachkraft heraus. Es wurden Reflexionsgespräche mit Erzieherinnen geführt, welche in weniger und welche in mehr feinfühligen Situationen begleitet wurden.

Die empathischen und feinfühligen Charaktere haben dabei grundlegende und ausgeprägte Fähigkeiten die Perspektive anderer einzunehmen und das eigene Verhalten kritisch zu hinterfragen. Dies zeigte sich in den zwei Reflexionsgesprächen deutlich. In der Krippe sind diese personalen Eigenschaften der Fachkräfte wichtig. Aufgrund der Entwicklungsphasen, wie bereits in Kapitel drei beschrieben, befinden sich Kleinkinder oft in der „Neuorganisation bisheriger Verhaltenssysteme" und verändern dann ihr Handeln (Ziegenhain et al. 2006, S. 134). Auf den ersten Blick erscheint dies für die Umwelt unverständlich und die Erzieherin sollte wissen warum diese Änderungen stattfinden und welche Anregungen das Kind für die neuen Entwicklungsstufen braucht. Die Beziehung kann ansonsten verunsichert werden und es entwickeln sich womöglich Schwierigkeiten in der wechselseitigen Interaktion (vgl. ebd.). Durch das strukturierte Reflektieren der Interaktionen und zeitgleich der fachlichen Erklärung kindlicher Verhaltensweisen sollen Fachkräfte für eben dieses Thema sensibilisiert werden und die Wechselseitigkeit im Befinden und Reagieren des Kindes und der Erzieherin bewusst wahrnehmen lernen.

Die beschriebene Methode der Video-Interaktions-Analyse zur Qualifizierung in Kinderkrippen ist deshalb so geeignet, weil sie nicht nur auf sprachlicher und fachlicher Wissensvermittlung basiert, sondern auch das prozedurale Gedächtnis anspricht (vgl. ebd., S. 146). Das prozedurale Gedächtnis ist dafür verantwortlich, dass erlernte Prozesse bzw. Fertigkeiten unbewusst ablaufen und ausgeführt werden können, ohne dass dafür ein bewusstes Nachdenken erforderlich ist. So können auch bestimmte Reize oder Situationen unbewusst Reaktionen hervorrufen, die im prozeduralen Gedächtnis gespeichert wurden. Dabei handelt es sich um Inhalte des Langzeitgedächtnisses und die Dauer einer Speicherung ist möglicherweise für das gesamte Leben zu erwarten (vgl. Zimbardo/Gerrig 2003, S. 234ff.). So werden auch bereits eigene frühe Interaktionserfahrungen abgespeichert aus denen sich Erwartungshaltungen an Beziehungen und Muster für die Art und Weise des Umgangs mit anderen Menschen ergeben (vgl. Bowlby 1982 In: Ziegenhain et al. 2006, S. 146). Dies prägt folglich auch die Interaktionen zwischen Erzieherinnen und Kleinkindern in der Krippe auf unbewusster Ebene. „Da diese frühen Erfahrungen nicht sprachlich kodiert im Gedächtnis verankert sind, ermöglichen Videoaufnahmen über die Bilder an die eigenen vorsprachlichen Erfahrungen anzuknüpfen" (Ziegenhain et al. 2006, S. 147). Die Erzieherinnen haben die Gelegenheit auch kleine und vereinzelte Signale oder vielmehr Feinzeichen in ihrem eigenen Verhalten kennen zu lernen und damit auch die Wirkung auf das Kind. Es ermöglicht ihnen sich selbst zu erfahren und sich die wechselseitige Kommunikation und deren Wirkung auf sie selbst bewusst zu machen. Zudem können die aufgenommenen Sequenzen Emotionen bei der Erzieherin auslösen, welche gegebenenfalls verdeutlichen, wie es dem Kind in der jeweiligen Interaktion geht und auch eigene Emotionen können dadurch erst deutlich erkennbar werden.

Auf dieser Grundlage soll die Reflexion helfen die bisherigen Erklärungsmodelle der Fachkräfte über die kindlichen Verhaltensweisen zu ergänzen oder neu zu strukturieren, aber auch unter Berücksichtigung der Ressourcen der Erzieherin für diese, gemeinsam passende Erklärungen und Lösungsmuster zu finden. Um das Befinden des Kindes nachvollziehen zu können, ist es notwendig die Welt aus dessen Sicht zu betrachten, das heißt sich in die Perspektive des Kindes hineinversetzen zu können. Ziegenhain et al. (2006) betonen, dass eine entscheidende Voraussetzung für die Perspektivenübernahme ein eigenes positives Selbstwertgefühl ist (S. 142). Bei der Definition von Feinfühligkeit wird fortwährend betont wird, dass die Bedürfnisse des Kindes im Mittelpunkt stehen und die Betreuungsperson ihre eigenen Belange hinten anstellen sollte, damit sie auch prompt auf das Verhalten des Kindes reagieren kann. Dies bedeutet nicht, dass die Betreuungspersonen ihre eigenen Bedürfnisse ignorieren und beiseite stellen sollen. Dies birgt auf Dauer vermutlich das Risiko negativer Auswirkungen auf die Befindlichkeit und psychische Gesundheit der Erzieherinnen. Vielmehr sollte es der Erzieherin gelingen situativ feinfühlig auf das Kind einzugehen, es zu achten und seine Signale sensibel wahrzunehmen und daraufhin zu reagieren, ohne es aufgrund eigener Ziele oder Vorstellungen zu missachten oder gar zu ignorieren. Diese Sensibilität kann nur dann gegeben sein, wenn sich auch die Erzieherin wohl fühlt und ebenso mit sich selbst achtsam umgeht. Ist sie mit sich unzufrieden, zweifelt an ihrer Persönlichkeit oder ist selbst in alltäglichen Situationen verunsichert, dann kann dies auch die Achtsamkeit für das Kind bzw. ihre Fähigkeit zur Perspektivübernahme beeinträchtigen.

6 Zusammenfassung und Perspektive

Nach der vorangegangenen Erörterung wird ersichtlich, dass bestimmte personale Eigenschaften von Fachkräften, sowie einige Themenbereiche einschlägigen Fachwissens für eine qualifizierte Erziehung und Betreuung von Kleinkindern in Institutionen von zentraler Bedeutung sind. Sie bilden eine Grundlage auf der förderliche Beziehungen entstehen und alltägliche Interaktionen zur Zufriedenheit für die Kinder und die Fachkräfte führen können. Es kann davon ausgegangen werden, dass sich unter diesen Voraussetzungen Kinder im Kontext der außerfamiliären Betreuung geistig und körperlich gesund entwickeln und die Berufstätigkeit der Erzieherin zu deren Wohlbefinden und zur Erhaltung ihrer Gesundheit beiträgt. Die Vermittlung des Fachwissens erfolgt unter Voraussetzung der Nutzung geeigneter, didaktischer Methodik, überwiegend auf kognitiver Ebene. Ein alleiniges Auswendiglernen soll zugunsten von Nachvollziehbarkeit und dem eigenen Erarbeiten von Inhalten und ganzheitlichem Lernen vermieden werden. Weiter oben erörterte Themen aus der Entwicklungspsychologie, Bindungstheorie und der frühkindlichen Bildung und Erziehung sollten in den Rahmenlehrplänen aller Bundesländer und Ausbildungswege, sowie in den Modulen von Studiengängen Eingang finden und einheitlich Bestand haben. Curricula diesbezüglich wurden bereits entwickelt und sollten fortgeschrieben und verbindlich eingeführt werden. Weitere Forschung und fachtheoretische Auseinandersetzung mit der Aus-, Fort- und Weiterbildung erscheint in Anbetracht des aktuellen Standes und der Entwicklung der Kleinkindbetreuung unerlässlich und dringend angezeigt. Diesbezüglich sollten sich unterschiedliche Verfahren und Ansätze gegenseitig ergänzen und ineinandergreifen, um ein einheitliches Bild zu erhalten. Ein fundiertes Fachwissen über Entwicklungsphasen in der frühen Kindheit, Bedürfnisse von Kleinkindern, Beziehungsgestaltungen und Interaktionsprozesse erleichtert und ermöglicht erst eine angemessene Betreuung in Kinderkrippen.

Weitere Grundlage, welche die Umsetzung des Fachwissens beeinflusst und stützt bzw. auch behindern kann, sind die personalen Ressourcen der Fachkräfte. Diese sind individuell erheblich unterschiedlich ausgeprägt und können mit derzeitigen Verfahren auf wissenschaftlicher Basis noch nicht hinreichend erhoben werden. Jede Fachkraft bringt entsprechende Kompetenzen bereits zu Beginn der Ausbildung oder des Studiums mit. Betrachtet man die Zusammenfassung der personalen Kompetenzen kann festgestellt werden, dass alle gemeinsam haben dürften, den Fachkräften wohl nicht fortwährend bewusst zu sein. Vielmehr handelt es sich um Fähigkeiten, welche unbewusst im Alltag wirken und einer bewussten Auseinandersetzung bedürfen, damit sie von den Fachkräften aktiv wahrgenommen werden können und auf ihren Einfluss hin zu reflektieren sind.

Die beschriebenen Methoden des Lebensbuches und der Video-Interaktions-Analysen zur Qualifizierung in Kinderkrippen (VIA-QiKi) stellen Ansätze dar, mit denen jene Kompetenzen eruiert und gefördert werden können. Durch strukturierte, selbstreflexive Verfahren können Abläufe und die Wechselseitigkeit von Interaktionen aufgedeckt und verbessert werden. Biografische Modelle bieten hierfür eine vorangehende Basis, damit sich Fachkräfte mit allen ihren Facetten besser kennen lernen und somit die Fähigkeiten zur Selbstreflexion verbessert herausbilden können. Adäquate personale Kompetenzen sind als Voraussetzung für eine qualifizierte Erziehung und Betreuung von Kindern unter drei Jahren nicht zu ersetzen. Durch Erlebnisse, eigene Beziehungserfahrungen in der Kindheit und auch Charaktereigenschaften sind die Kompetenzen zwar zu Beginn der Ausbildung angelegt, jedoch muss es als zentrale Aufgabe von Aus-, Fort- und Weiterbildung und den Fachkräften selbst betrachtet werden diese fortlaufend weiterzuentwickeln und zu fördern. Es sollte bei der Auswahl der Fachkräfte unabhängig vom Ausbildungsniveau und neben dem Fachwissen ebenso der Fokus auf den personalen Fähigkeiten liegen. Die Fachkräfte selbst sollten in diese Entscheidungsfindung der Berufswahl in der Krippe durch ein bewussteres Erleben der eigenen Persönlichkeit miteinbezogen werden, damit dauerhaft belastende Situationen für die Kinder und die Fachkräfte vermieden werden können.

Abbildung 5:   Übersicht über die Kompetenzen von Krippenfachkräften

Fachwissen über - frühkindliche Entwicklung - Bindungstheorie - Entwicklungspsychologische Grundlagen	**Bereitschaft zur Biografiearbeit und Selbstreflexion**

Personale Kompetenzen:
Beziehungsgestaltung – Professionelle Haltung, Orientierung an der beruflichen Kompetenz – Ausgeglichenheit, Ruhe und Gelassenheit – Selbstständigkeit und Selbstvertrauen – Belastbarkeit – Feinfühligkeit – Wertschätzung, Empathie und Authentizität – Schutz eigener Ressourcen

Die personalen Kompetenzen (Abb. 5) können zwar nicht grundlegend verändert oder erschaffen werden, wenn sie fehlen, jedoch ist es möglich sie mit geeigneten Ansätzen und Methoden zu fördern. Sie bilden die Ausgangslage, sind fortwährend präsent und wirken im Alltag. Zusätzlich muss ein Wissen um die Entwicklungsphasen, die Bindung und Bildung in der frühen Kindheit erworben werden, mit dem es der Fachkraft möglich wird Prozesse zu verstehen und richtig einzuordnen. Auf den personalen Kompetenzen und dem Fachwissen aufbauend setzt ein professionelles Verständnis von Qualifizierung ein fortlaufendes Reflektieren der eigenen Biografie und dem eigenen Verhalten und Handeln und deren Wechselwirkungen im Alltag voraus. An dieser Stelle müssen, sowohl in der Aus-, Fort- und Weiterbildung, als auch im beruflichen Alltag bei Trägern, Kollegen und weiteren Kooperationspartnern Offenheit und Achtung gegenüber diesen Prozessen stattfinden. Es muss ein Bewusstsein darüber entstehen, dass die Thematisierung der eigenen Biografie und eine kontinuierliche Selbstreflexion, sowie deren Einübung, Bestandteil einer jeden professionellen Ausübung frühpädagogischer Tätigkeit sein muss
.

7 Literaturverzeichnis

Ainsworth, Mary; Bell, Silvia (1974): *Die Interaktion zwischen Mutter und Säugling und die Entwicklung von Kompetenz.* In: Grossmann, Klaus; Grossmann, Karin (Hrsg.) (2011): *Bindung und menschliche Entwicklung.* John Bowlby, Mary Ainsworth und die Grundlagen der Bindungstheorie. Dritte Auflage. Stuttgart.

Ainsworth, Mary; Bell, Silvia; Stayton, Donelda (1974): *Bindung zwischen Mutter und Kind und soziale Entwicklung: „Sozialisation" als Ergebnis gegenseitigen Beantwortens von Signalen.* In: Grossmann, Klaus; Grossmann, Karin (Hrsg.) (2011): *Bindung und menschliche Entwicklung.* John Bowlby, Mary Ainsworth und die Grundlagen der Bindungstheorie. Dritte Auflage. Stuttgart.

Ainsworth, Mary et al. (1978): *Patterns of attachment.* A psychological study of the strange situation. Hillsdale.

Albisser, Stefan; Kirchhoff, Esther; Albisser, Esther (2009): *Berufsmotivation und Selbstregulation*: Kompetenzentwicklung und Belastungserleben von Studierenden, berufseinsteigenden und erfahrenen Lehrpersonen. In: *Unterrichtswissenschaft,* 37. Jahrgang. Heft 3. Weinheim. S. 262-288.

Becker-Stoll, Fabienne (2006): *Bindung als Voraussetzung für Bildung.* http://www.ifp.bayern.de/imperia/md/content/stmas/ifp/vortrag_bindung.pdf; letzter Zugriff: 15.03.2013

Beher, Karin; Walter, Michael (2010): *Zehn Fragen – Zehn Antworten zur Fort- und Weiterbildungs-landschaft für frühpädagogische Fachkräfte.* Werkstattbericht aus einer bundesweiten Befragung von Weiterbildungsanbietern. Eine Studie der Weiterbildungsinitiative Frühpädagogische Fachkräfte (WiFF). Herausgegeben vom Deutschen Jugendinstitut e.V. München.

Bibliographisches Institut GmbH (2013): *Duden – Die deutsche Rechtschreibung.* Berlin. http://www.duden.de/rechtschreibung/Kompetenz; letzter Zugriff: 07.04.2013

BMBF 2008 = Bundesministerium für Bildung und Forschung (BMBF) Referat Bildungsforschung (Hrsg.) (2008): *Bildungsforschung Band 26. Kompetenzerfassung in pädagogischen Handlungsfeldern Theorien, Konzepte und Methoden.* Bonn, Berlin.

http://www.bmbf.de/pub/bildungsforschung_band_sechsundzwanzig.pdf; letzter Zugriff: 07.04.2013

BMFSFJ 2013 = Bundesministerium für Familie, Senioren, Frauen und Jugend (2013): *Vierter Zwischenbericht zur Evaluation des Kinderförderungsgesetzes. Bericht der Bundesregierung 2013 nach § 24a Abs. 5 SGB VIII über den Stand des Ausbaus für ein bedarfsgerechtes Angebot an Kindertagesbetreuung für Kinder unter drei Jahren für das Berichtsjahr 2012.* Berlin. http://www.bmfsfj.de/RedaktionBMFSFJ/Broschuerenstelle/PdfAnlagen/Kif_C3_B 6G-Vierter-Zwischenbericht-zur-Evaluation-des-Kin-derf_C3_B6rderungsgesetzes,property=pdf,bereich=bmfsfj,sprache=de,rwb=true.pdf ; letzter Zugriff: 17.04.2013

Booth, Cathryn et al. (2003): *Toddler's Attachment Security to Child Care Providers*: The Safe and Secure Scale. Early Education and Development Nr. 14, p. 83-100.

Bowlby, John (1982): *Attachment and loss*. Volumen 1; 2. Edition. New York.

Brisch, Karl Heinz (2010): *SAFE. Sichere Ausbildung für Eltern*. Sichere Bindung zwischen Eltern und Kind. 2. Auflage. Stuttgart.

Buchholz-Graf, Wolfgang; Tischler, Günter (2008): *Perspektiven zur kommunalen Jugendhilfe*. Biografiearbeit in der Schule. Regensburg.

Datler, Wilfried; Ereky, Katharina; Strobel, Karin (2002): *Das selbstständige Kind*. In: Winterhager-Schmid, Luise; Eggert-Schmid Noerr, Annelinde, Datler, Wilfried (Hrsg.): Jahrbuch für Psychoanalytische Pädagogik Nr. 12. Gießen. S. 53-77.

Dittrich, Irene (2012): *Lebensumwelten von Kindern in den ersten drei Lebensjahren im Spiegel des Sozio-oekonomischen Panels (SOEP)*. In: Viernickel et al. (Hrsg.) (2012): *Krippenforschung. Methoden, Konzepte, Beispiele.* München, Basel. S. 47 – 58.

DJI 2006 = Deutsches Jugendinstitut e.V. (2006): Thema 2007/06: *Gut genug ausgebildet für unsere Kleinsten? Betreuungsqualität in Kinderkrippen und Tagespflege.* München. http://www.dji.de/cgibin/projekte/output.php?projekt=706&Jump1=LINKS&Jump2 =15; letzter Zugriff: 13.04.2013

DJI 2012 = Deutsches Jugendinstitut (2012): *Erste Befunde der DJI-Länderstudie.* München.

Erden, Feyza; Sönmez, Sema (2011): S*tudy of Turkish Preschool Teachers' Attitudes toward Science Teaching*. International Journal of Science Education. Vol. 33, No. 8, p. 1149-1168.

Fröhlich-Gildhoff, Klaus; Nentwig-Gesemann, Iris; Pietsch, Stephanie (2011): *Kompetenzorientierung in der Qualifizierung frühpädagogischer Fachkräfte*. Weiterbildungsinitiative Frühpädagogische Fachkräfte (WiFF). München.

GAIMH 2008 = Gesellschaft für Seelische Gesundheit in der Frühen Kindheit (Hrsg.): *Verantwortung für Kinder unter drei Jahren*. Empfehlungen der Gesellschaft für Seelische Gesundheit in der Frühen Kindheit (GAIMH) zur Betreuung und Erziehung von Säuglingen und Kleinkindern in Krippen. Wien. http://www.bke.de/content/application/explorer/public/newsletter/newsletter-32/verantwortung_fuer_kinder.pdf ; letzter Zugriff: 23.04.2013

Gappa, Maike (2008): *Beziehungsgestaltung in öffentlicher Betreuung*: Erzieherische Professionalität und Geschlechter-Diskrepanz. Unveröffentlichte Diplomarbeit an der Freien Universität Berlin. Berlin.

Gerwig, Kurt (2010): ErzieherIn: *Beruf oder Berufung?* Personale Kompetenzen für Beziehung und Bildung in der Elementarpädagogik und der Ausbildung von ErzieherInnen. Mit Beitragen von Prof. Dr. Gerald Hüther, Prof. Dr. Stefan Sell, Prof. Dr. Rainer Strätz, Dr. Francisco Cienfuegos und Detlef Diskowski. Kaufungen.

Grossmann, Karin; Grossmann, Klaus (2008): *Bindungen- Das Gefüge psychischer Sicherheit.* Vierte Auflage. Stuttgart.

Grossmann, Klaus; Grossmann, Karin (Hrsg.) (2011): *Bindung und menschliche Entwicklung.* John Bowlby, Mary Ainsworth und die Grundlagen der Bindungstheorie. Dritte Auflage. Stuttgart.

Grubenmann, Bettina (2009): *Was passiert wirklich im Krippenalltag?* Beobachtung als Methodik in der Krippenforschung. In: Robert Bosch Stiftung; Deutsche Gesellschaft für Erziehungswissen-schaften. Kommission Pädagogik der frühen Kindheit (2009): *„Kinderkrippen" – „Krippenkinder" Forschung zur institutionellen Bildung, Erziehung und Betreuung von Kindern unter drei Jahren.* 19. – 20. November 2009.Berlin. http://www.pdfk.de/KrippenTagung/Workshop4_Grubenmann_Krippentagung.pdf; letzter Zugriff: 01.05.2013

Hartig, Johannes (2008): *Kompetenzen als Ergebnisse von Bildungsprozessen.* In: Bundesministerium für Bildung und Forschung (BMBF) Referat Bildungsforschung (Hrsg.) (2008): *Bildungsforschung Band 26.* Kompetenzerfassung in pädagogischen Handlungsfeldern Theorien, Konzepte und Methoden. Bonn, Berlin. http://www.bmbf.de/pub/bildungsforschung_band_sechsundzwanzig.pdf; letzter Zugriff: 07.04.2013

Heiss, Esther (2009): *Allein auf weiter Flur.* Über die Bedeutung von fixen Strukturen im Alltag des Kindergartens und in Beziehungen. Eine Einzelfallstudie über einen zweijährigen Jungen und dessen Auseinandersetzung mit dem Erleben der Trennung von primären Bezugspersonen. Diplomarbeit an der Universität Wien. Wien.

Hermanns, Harry (1991): *Narratives Interview.* In: Flick, Uwe; Kardorff, Ernst von; Keupp, Heiner; Rosenstiel, Lutz von und Wolff, Stephan (Hrsg.) (1991): *Handbuch Qualitative Sozialforschung.* München. S. 182-185.

Hrdy, Sarah (2002): *On Why it Takes a Village*: Cooperativ Breeders, Infant Needs and the Future. In: Peterson, Grethe (Hrsg.): The Past, Present, and Future of the Human Family. Salt Lake City. p. 86-110.

Hurrelmann, Klaus (2006): *Sozialisation.* In: Rost, Detlef (Hrsg.): *Handwörterbuch Pädagogische Psychologie.* Weinheim, Basel. S. 729 – 740.

Kallmeyer, Werner; Schütze, Fritz (1977): *Konversationsanalyse.* Studium Linguistik, Nr. 1, S. 1-28.

Keupp, Heiner (2003): *Krisen des Aufwachsens als Verlust einbettender Kulturen und der sozialen Ozonschicht.* Vortrag bei den Vierten Münchener Kinderschutztagen am 14./15. März 2003. München.

KMK 2010 = Kultusministerkonferenz (2010): *Weiterentwicklung der Aus-, Fort- und Weiterbildung von Erzieherinnen und Erziehern - Gemeinsamer Orientierungsrah*

men "Bildung und Erziehung in der Kindheit" - Beschluss der Kultusministerkonferenz vom 16.09.2010, Beschluss der Jugend- und Familienministerkonferenz vom 14.12.2010.
http://www.kmk.org/fileadmin/veroeffentlichungen_beschluesse/2010/2010_09_16-Ausbildung-Erzieher-KMK-JFMK.pdf; letzter Zugriff: 07.04.2013

Laewen, Hans-Joachim; Andres, Beate (2007): *Forscher Künstler Konstrukteure.* Berlin.

Laewen, Hans-Joachim; Andres, Beate; Hédervári-Heller, Eva (2011): *Die ersten Tage.* Ein Modell zur Eingewöhnung in Krippe und Tagespflege. Siebte überarbeitete Auflage. Berlin.

Lattschar, Birgit (2007): *Biografiearbeit.* Was ist Biografiearbeit? Zur Methode. Einsatzmöglichkeiten.
http://www.birgit-lattschar.de/seiten/biog_arbeit.htm; letzter Zugriff: 01.05.2013

Leu, Hans-Rudolf; von Behr, Anna (Hrsg.) (2013): *Forschung und Praxis der Frühpädagogik.* Profiwissen für die Arbeit mit Kindern von 0-3 Jahren. Zweite Auflage. München.

Maccoby, Eleanore (1998): *The Two Sexes: Growing up Apart, Coming Together.* Cambridge.

Michaelis, Richard; Haas, Renate (1990): Meilensteine der frühkindlichen Entwicklung. Entscheidungshilfen für die Praxis. In: Schlack, Hans-Georg et al. (Hrsg.) (1994): Praktische Entwicklungsneurologie. München. S. 93-102.

Müller, Michaela (2012): *Narratives Interview mit einer Krippenerzieherin – thematisch fokussiert auf die berufliche Motivation.* Unveröffentlichter Bericht des Moduls 8. Potsdam.

Müller, Michaela (2013): *Personale Kompetenzen in der Krippenbetreuung.* Video-Interaktions-Analysen von Essenssituationen hinsichtlich der Feinfühligkeit von Fachkräften gegenüber Kleinkindern in der Krippe. Selbstreflexion als Methode zur Verbesserung der Interaktion. Unveröffentlichter Forschungsbericht des Moduls 9. Potsdam.

Papoušek, Hanus; Papoušek, Mechthild (1990*): Intuitive elterliche Früherziehung in der vorsprachlichen Kommunikation.* I. Teil: Grundlagen und Verhaltensrepertoire. Sozialpädiatrie in Praxis und Klinik, 12, S. 521-527.

Papoušek, Mechthild (2011): *"Verwundbar, aber unbesiegbar-" Die intuitiven elterlichen Kommunikationsfähigkeiten als Schutzfaktor in der frühen Kindheit.* Festvortrag zur 16. GAIMH Jahrestagung 17.-19.2.2011. Universität Wien.
http://www.gaimh.org/files/downloads/04fa990b37e0d136ca266f0c77742359/Papousek%20Mechthild%20%20Intuitive%20elterliche%20Kommunikationsf%C3%A4higkeiten%20%5BKompatibilit%C3%A4tsmodus%5D.pdf; letzter Zugriff: 03.01.2014

Rauh, Hellgard (2008): *Frühe Kindheit.* In: Oerter, Rolf; Montada, Leo (Hrsg.): *Entwicklungspsychologie.* Sechste vollständig überarbeitete Auflage. Kapitel 6. Weinheim, München.

Ryan, Tony; Walker, Rodger (2003): *Wo gehöre ich hin?* Biografiearbeit mit Kindern und Jugendlichen. Zweite neuausgestattete und erweiterte Auflage. Weinheim, Basel, Berlin.

Robert Bosch Stiftung (Hrsg.) (2008): *Frühpädagogik Studieren – ein Orientierungsrahmen für Hochschulen*. Stuttgart.
http://www.boschstiftung.de/content/language1/downloads/PiK_orientierungsrahmen_druckversion.pdf Zugriff: 13.04.2013

Robert Bosch Stiftung (Hrsg.) (2011): *Qualifikationsprofile in Arbeitsfeldern der Pädagogik der Kindheit*. Ausbildungswege im Überblick. Stuttgart.

Ruhe, Hans-Georg (2007): *Methoden der Biografiearbeit*. Lebensspuren entdecken und verstehen. Dritte Auflage. Weinheim, München.

Schaarschmidt, Uwe; Fischer, Andreas (1998): *AVEM – ein diagnostisches Verfahren für gesundheitspsychologische Fragestellungen*. In: Psychologie in Österreich. 18. Jahrgang, Heft 5, S. 205 – 212.

Schäfer, Gerd (2001): *Prozesse frühkindlicher Bildung. Vorlesung zum Thema Bildungsprozesse im frühen Kindesalter*. Köln.
http://www.hf.unikoeln.de/data/eso/File/Schaefer/Prozesse_Fruehkindlicher_Bildung.pdf; letzter Zugriff: 21.04.13

Schuldt, Christian (2004): *Der Code des Herzens – Liebe und Sex in den Zeiten maximaler Möglichkeiten*. Frankfurt am Main.

Sebanc, Anne et al. (2003): *Gendered Social Worlds in Preschool*: Dominance, Peer acceptance ans Assertive Social Skills in Boys' and Girls' Peer Groups. Social Development, Nr. 12/1, p. 91-106.

Sroufe, Alan (2001): From Infant Attachment to Promotion of Adolescent Autonomy: Prospective, Longitudinal Data on the Role of Parents in Development. In: Borkowski et al. (Hrsg.): Parenting and your Child's World. Hillsdale. p. 187-202.

Strauß, Bernhard; Buchheim, Anna; Kächele, Horst (2002): *Klinische Bindungsforschung*. Theorien, Methoden, Ergebnisse. Stuttgart.

Strauß, Bernhard (2008): *Bindung und Psychopathologie*. Stuttgart.

Thanner, Verena (2009): *Ausbildungsinhalte an Fachschulen für Sozialpädagogik zu Kindern unter drei Jahren*. Eine Dokumentenanalyse. Deutsches Jugendinstitut e.V. München.
http://www.dji.de/cgibin/projekte/output.php?projekt=845&Jump1=LINKS&Jump2=5; letzter Zugriff: 13.04.2013

Tietze, Wolfgang; Becker-Stoll, Fabienne et al. (Hrsg.) (2012): *NUBBEK - Nationale Untersuchung zur Bildung, Betreuung und Erziehung in der frühen Kindheit*. Fragestellungen und Ergebnisse im Überblick. Berlin.

vbw 2012 (a) = Vereinigung der Bayerischen Wirtschaft e.V. (Hrsg.); Anders, Yvonne (2012): *Modelle professioneller Kompetenzen frühpädagogischer Fachkräfte*. Aktueller Stand und ihr Bezug zur Professionalisierung. Expertise zum Gutachten „Professionalisierung in der Frühpädagogik" im Auftrag des Aktionsrats Bildung. München.
http://www.aktionsratbildung.de/fileadmin/Dokumente/Expertise_Modelle_professioneller_Kompetenzen.pdf; letzter Zugriff: 13.04.2013

vbw 2012 (b) = Vereinigung der Bayerischen Wirtschaft e.V. (Hrsg.); Blossfeld, Hans-Peter; Bos, Wilfried u.a. (2012*): Professionalisierung in der Frühpädagogik*. Qualifikationsniveau und – bedingungen des Personals in Kindertagesstätten. Gutachten. Münster.

http://www.aktionsratbildung.de/fileadmin/Dokumente/Gutachten_Professionalisier ung_in_der_Fruehpaedagogik.pdf; letzter Zugriff: 13.04.2013

Vopel, Klaus (2005): *Ich bin, woran ich mich erinnere.* Autobiografisches Erzählen in Gruppen. Salzhausen.

Weinert, Franz (2001): *Concept of competence: a conceptual clarification.* In: Rychen, Dominique Simone; Salganik, Laura Hersh (Hrsg.): *Defining und selecting key competencies.* Washington. p. 45-65.

Ziegenhain, Ute; Fries, Mauri; Bütow, Barbara; Derksen, Bärbel (2006): *Entwicklungspsychologische Beratung für junge Eltern.* Grundlagen und Handlungskonzepte für die Jugendhilfe. Zweite Auflage. Weinheim, München.

Ziegenhain, Ute; Gebauer, Sigrid; Ziesel, Birgit; Künster, Anne Katrin; Fegert, Jörg (2011): *Lernprogramm Baby-Lesen.* Übungsfilme für Hebammen, Kinderärzte, Kinderkrankenschwestern und Sozialberufe. Ulm.

Zimbardo, Philip; Gerrig, Richard (2003): *Psychologie.* Bearbeitet und herausgegeben von Hoppe-Graff, Siegfried und Engel, Irma. Siebte neu übersetzte und bearbeitete Auflage. Berlin, Heidelberg u.a.

8 Anhang

8.1 Auswertungsraster – Nullversion

	Auswertungsraster Video-Interaktions-Analyse zur Qualifizierung in Kinderkrippen (VIA-QiKi) / Reflexionsgespräch Michaela Müller, Sozialpädagogin (M.A.)	
Kinderkrippe Kind (Jahre), Fachkraft	Aufnahmetag Sequenz	Code:

Beobachtung in der Essenssituation: Beginn: Ende:
Dauer der vorliegenden Sequenz: Min.   Sek.

Transkriptions- regeln	▪ Deskription mit nur auszugsweiser Transkription (nur die für die Interpretation relevanten, verbalen Ausschnitte werden transkribiert) ▪ Geglättet = ohne Dialekt ▪ [unverständlich], z.B. [also ich meine?] = vermutete Wortwahl, nicht genau verständlich ▪ auffällige Betonung – <u>unterstreichen</u> ▪ größere Lautstärke – **fett** geschrieben ▪ .. Pause, … längere Pause ▪ Dehnung 1. je mehr Vokale umso mehr Dehnung, z.B. jaaa, 2. Buchstaben des Wortes getrennt schreiben, z.B. a l s o ▪ Charakterisierung nichtsprachlicher Vorgänge in Klammern, z.B. (lachen) ▪ zugefügte Hinweise oder Anmerkungen der Interviewerin in Klammern, z.B. {mit Anette ist die Erzieherin gemeint} ▪ Veränderte Tonlage, z.B. beim Nacherzählen von Aussagen Dritter ‚…', Frage- oder Ausrufintonation – (?)

1. Beschreibung der Situation:

2. Was macht diese Situation intuitiv mit mir?

Welche Reaktionen werden bei mir hervorgerufen?

Welche intuitiv begründeten Schlüsse ziehen wir aus der Beobachtung? (Laewen/ Andres 2007)

3. Abstimmung der Reaktion der Fachkraft auf die Bedürfnisse des Kindes

Die Bedürfnisse, Interessen, der Fokus, die Signale, des Kindes	Die Reaktionen der Fachkraft, ihre intuitiven Kompetenzen

Bedürfnisse des Kleinkindes

unter anderem nach Regulation
- von affektiven Verhaltenszuständen
- der Nahrungsaufnahme
- des Bindungs- und Explorations-
verhaltens
- der Aufmerksamkeit
- des Autonomiestrebens
(vgl. Ziegenhain et al. 2006, S. 39
Nach Papousek 1994)

Signale des Kleinkindes
(offen oder verdeckt, direkt an die Fachkraft gerichtet oder nicht, Dauer und Intensität, zunehmend oder abfallend, zielgerichtet)

Bindungsverhalten

Explorationsverhalten

Weitere

D A R A U F

F O L G E N D

Reaktion der Fachkraft

Die **Strukturierung der frühen Erfahrungen** des Kindes schafft die Fachkraft mit (vgl. Ziegenhain et al. 2006, S. 40 Nach Papousek 1994):

- der Vereinfachung von Sprache, Mimik und Gestik zu Prototypen des Verhaltens
- dem spielerischen Wiederholen ihrer Reaktionen (z.B. Versteckspiel), damit werden die Reaktionen für das Kind nachvollziehbar und vorhersehbar, es entstehen Erwartungen an kontingente Antworten
- der Vermittlung der Erfahrungen mit der gegenständlichen Umwelt
- dem Entwickeln vertrauter Rituale
- situationsspezifischer Sprechmelodik

Intuitive Kompetenzen (vgl. Punkt 5)

Durch diese Verhaltensweisen werden folgende **Fähigkeiten des Kindes gefördert** (ebd.):

- z.B. durch Motivation, Nachahmen und Mitempfinden
- gemeinsames Kooperieren, Ausrichtung der Aufmerksamkeit auf das gleiche Thema
- Üben z.B. von Nachahmungsfähigkeiten, Abwechseln im Dialog, kommunikative Gesten, Blickkontakt, kontextbezogenes Benennen von Gegenständen

4. Typische Merkmale von Bindungserfahrung von Kleinkindern (Ahnert 2010 / Gaihm 2008)

	Positive Erfahrung erkennt man an:	Angemessene Reaktion:
4.1 Zuwendung	Kind fühlt sich wohl / es genießt die Interaktion	Blickkontakt / Streicheln / Berühren, Emotional getönte verbale und nonverbale Dialoge (Laewen/ Andres 2007)
4.2 Sicherheit	Kind fühlt sich geborgen / es kann die Umgebung erkunden	zuverlässiges Wahrnehmen und Reagieren durch Körperkontakt / Ansprache /
4.3 Stressreduktion	Das Kind findet Trost / es kann Emotionen regulieren	Zuwendung / Vermeidung aversiv-negativer Reize
4.4 Exploration	Das Kind kann sich rückversichern / es wird zur Exploration angeregt	eigene Aktivitäten werden nicht unterbrochen, Bezugsperson ist zugänglich
4.5 Aktivitätsniveau	Das Kind hat genügend Anregungen / es kann sich zurückziehen und ausruhen	erkennt den Rhythmus und gibt passenden Rahmen
4.6 Sensorische Stimulation	Gelegenheit geben zum Wahrnehmen über alle Sinneskanäle / es kann sich angemessen motorisch bewegen	Neugier zulassen und stützen, Bewegungsdrang nicht unterdrücken
4.7 Assistenz	Das Kind fordert Unterstützung / es akzeptiert Unterstützung	gibt Hilfestellung bei entsprechenden Signalen, ist verfügbar und zugänglich
4.8 Selbstwirksamkeit	Das Kind erfährt die eigene Wirksamkeit / erzeugt selbst Interaktionen mit anderen	nimmt das Angebot des Kindes auf und verstärkt hierdurch seine Wirksamkeit
4.9 Grenzen setzen	es wird in seiner Kommunikation bestätigt / mitgefühlt	es wird eine akzeptable Alternative angeboten

5. Intuitive Kompetenzen
(Ziegenhain et al. 2006, S. 38 Nach Papoušek 2011)

Mimik: Augenbrauengruß, Bemühungen um Blickkontakt, Übertrieben wirkender Ausdruck von Freude, Überraschung, Erstaunen, rhythmische Wiederholungen des mimischen Ausdrucks

Stimme: höhere Stimmlage, melodische, anregende (um Aufmerksamkeit zu erlangen), abfallende (um beruhigend zu wirken) Stimmführung, Variation der Lautstärke entsprechend des kindlichen Verhaltenszustandes (z.B. Flüstern um zu beruhigen)

Gestik: Regulation von Nähe und Distanz, Zeigegesten zur Lenkung der Aufmerksamkeit auf einen bestimmten Gegenstand (Orientierung zur Umwelt / Die Welt wird strukturiert und beschrieben)

Sprache: Verwendung von Babysprache, Nachahmen kindlicher Vokalisation, Verwendung von rhythmischen Silben, kurze Sätze, häufige Wiederholungen

6. Kennzeichen feinfühligen Verhaltens
(Grossmann 1977 Nach Ainsworth 1974)

sehr feinfühlig
- erkennt die Bedeutung wenig offensichtlicher Merkmale
- in sich abgeschlossene Interaktionen mit beidseitiger Zufriedenheit
- ihr Verhalten ist zeitlich auf die Signale des Kindes abgestimmt

feinfühlig
- Signale des Kindes werden weder übersehen noch fehlinterpretiert
- die Wahrnehmungen des kindlichen Verhaltens sind nicht verzerrt
- gelegentliche Missverständnisse unter Beibehaltung des Tempos des Kindes

wenig feinfühlig
- reagiert auf die Signale des Kindes wechselhaft langsam
- sie ist für die Signale des Kindes unzugänglich oder interpretiert sie falsch
  oder sie erkennt die Bedürfnisse lässt sie aber nicht gewähren
- die Reaktionen sind ungeduldig

nicht feinfühlig
- sie orientiert sich an eigenen Bedürfnissen
- erkennt erst starke Signale des Kindes
- sie verzerrt oder ignoriert die Signale des Kindes
- die Interaktionen sind unvollständig

Indikatoren zur Beurteilung von feinfühligem Verhalten
(Ziegenhain et al. 2011):

- Signale und Bedürfnisse des Kindes wahrzunehmen, sie angemessen zu interpretieren und sowohl angemessen, als auch prompt darauf zu reagieren

- Der Verhaltensausdruck der Bezugsperson ist auf den jeweiligen Verhaltensausdruck des Kindes abgestimmt

- emotional negativer Verhaltensausdruck (ärgerliches, feindseliges oder aggressives Verhalten im Umgang mit dem Kind / emotional flaches, verlangsamtes Verhalten oder ein ausdrucksloses Gesicht zeigen)

8.2 Erläuterungen zum Auswertungsraster

Kinder beginnen bereits in den ersten Lebensmonaten Bindungen an ihre Bezugspersonen zu entwickeln, denen sie eine hierarchische Stellung zuordnen und die sich im Laufe der ersten Lebensjahre festigen. Ebenso suchen Kinder auch in der Krippe Bezugspersonen, um bei diesen Trost und Schutz zu finden. Bei Kleinkindern bemerkt man Bindungsverhalten an Signalen oder Reaktionen wie dem „Saugen, Anklammern, Nachfolgen, Weinen und Lächeln" (Bowlby 1975, S. 173). Die Kinder müssen viele weitere Fähigkeiten erst entwickeln und brauchen noch ständige Unterstützung zum Regulieren ihrer eigenen Gefühlswelt und dem Kontrollieren ihrer Impulse. Damit Kinder mit den täglichen Krippensituationen weder unter- noch überfordert sind, brauchen sie zuverlässige Bindungs- und Bezugspersonen, die ihr Verhalten erkennen und angemessen mit Hilfestellungen darauf reagieren können. Das heißt sie brauchen in der Zeit, die sie in der Krippe verbringen, möglichst feinfühlige Erzieherinnen, wie bereits beschrieben wurde.

Es bleibt nun die Frage offen, wie die Eigenschaft ‚Feinfühligkeit' im Krippenalltag beobachtet bzw. festgestellt werden kann.

Die bereits erwähnten Bindungserfahrungen (Punkt 4 der Nullversion) können in verschiedene Merkmale unterteilt und müssen in Krippensituationen berücksichtigt werden. Fünf typische Merkmale lassen sich (nach dem 5-Komponenten-Ansatz von Booth et al. 2003) zusammenfassen, anhand deren Bindungserfahrungen bewertet werden können, nämlich Zuwendung, Sicherheit, Stressreduktion, Explorationsunterstützung und Assistenz (Ahnert 2010, S. 14). Das Bindungs- und Explorationsverhalten verhält sich komplementär zueinander, das heißt Kleinkinder können nur dann ihre Umgebung erkunden und ihrer Neugierde nachgehen, wenn sie sich sicher fühlen (Bowlby 1951 In: Becker-Stoll 2009, S. 12). Hierfür müssen sie die Möglichkeiten haben sich bei einer zuverlässigen und verfügbaren Bezugsperson rückversichern zu können. Wenn sich Kinder wohl und geborgen fühlen und sichtlich die Interaktion genießen, dann erfahren sie Sicherheit. Die Erzieherin kann dies durch Bemühungen um Blickkontakt, Streicheln und Berührungen zu einer positiven Bindungserfahrung für das Kind machen. Vor allem vermittelt auch eine kindgerechte Sprache mit angemessener Geschwindigkeit, kurzen Sätzen und geeigneter Wortwahl und eine melodische, dem kindlichen Verhaltenszustand angepasste Stimmlage, dem Kind Zuwendung und Sicherheit durch emotional getönte verbale und nonverbale Dialoge (vgl. Michaelis/Niemann 1999 In: Laewen/Andres 2011). Wenn das Kind also Trost findet und seine Emotionen regulieren kann, dann wird es mit genügend Anregungen explorieren. Die eigenen Aktivitäten des Kindes sollten

von der Erzieherin nicht unterbrochen werden, wobei negative-aversive Reize
möglichst vermieden werden müssen. Bei Signalen des Kindes sollte die Erzieherin verfügbar und zugänglich sein und entsprechend Unterstützung leisten.
Wenn das Kind diese Hilfestellungen auch akzeptiert und diese auch von der
Erzieherin einfordert, dann kann angenommen werden, dass es diese bereits als
zuverlässige Bezugsperson erlebt hat.

Die fünf, bereits genannten, Bindungsmerkmale können noch ergänzt, bzw.
differenziert betrachtet werden. Weitere Merkmale wären das Aktivitätsniveau,
die sensorische Stimulation und die Grenzsetzung, denn jedes Kind hat einen
individuellen Rhythmus der im Gruppengeschehen berücksichtigt werden muss.
Die Erzieherin muss erkennen, ob es sich ausruhen möchte und dementsprechende Rückzugsmöglichkeiten schaffen oder bei Bedarf weitere Anregungen zur
Verfügung stellen. Anregungen sollten Gelegenheit zur Wahrnehmen über alle
Sinneskanäle geben und genügend Bewegungsfreiraum lassen, damit das Kind
seine Neugierde auch entfalten kann. Ebenso ist es jedoch wichtig Kindern, insbesondere ab einem Alter von 2 Jahren konsequent und nachvollziehbar Grenzen
aufzuzeigen, vor allem auch, damit sich das Kind in der sozialen Gruppe zu
Recht finden kann. Kinder unter drei Jahren haben nur ein eingeschränktes Un-
rechtsbewusstsein und versuchen ihre Bedürfnisse zu befriedigen. Wenn dies
einmal nicht gelingen kann, dann muss das Kind dennoch in seinen Bemühungen
und Signalen mitfühlend bestätigt werden und eine Alternative aufgezeigt bekommen. Damit bekommt es wiederum Selbstbestätigung und Unterstützung
beim Regulieren der eigenen Affektivität. Die Gesellschaft für Seelische Gesundheit in der Frühen Kindheit (GAIHM) formuliert dies in ihrer Empfehlung
zur Betreuung und Erziehung von Säuglingen und Kleinkindern in Krippen als
weiteres physiologisches Grundbedürfnis von Kindern unter drei Jahren, nämlich
als „Bedürfnis nach Selbstwirksamkeit" (GAIHM 2008, S. 17). Bereits im Säuglingsalter nehmen Kinder die Reaktionen der Umwelt auf ihr Verhalten wahr und
wiederholen es, um positive und wiederum motivierende Reize zu erhalten. „Eine gesunde Selbstentwicklung beinhaltet, dass schon der Säugling und das
Kleinkind das Gefühl erleben, selbst handelnd und Erzeuger von Wirkungen
sowie motorischen und affektiv-emotionalen Interaktionen mit der Umwelt zu
sein" (ebd.). Hierfür ist wichtig, dass die Betreuungsperson zugänglich und verfügbar ist und das Kind mit seinem Agieren und seiner Gefühlswelt empathisch
wahrnimmt und ihm das spiegelt. Lächelt ein Kind die Erzieherin an, so erwartet
es, dass diese ihrerseits auch lächelt. Geschieht dies nicht, wird das Kind in seiner eigenen Wirksamkeit verunsichert.

Feinfühligkeit wird mit den Indikatoren ‚Signale wahrnehmen', ‚richtig interpretieren' und ‚angemessen und prompt darauf zu reagieren' beschrieben
wurde (vgl. Ainsworth 1974 In: Grossmann 1977). Deshalb ist neben den ver-

schiedenen bereits beschriebenen Merkmalen für Bindungserfahrungen auch ausschlaggebend, ob die Reaktionen der Erzieherin auf die Signale des Kindes jeweils passend sind. Es kommt darauf an, ob die Erzieherin passend zu den Signalen des Kindes wechselseitig mit Körperkontakt und angemessenem Dialogabstand reagiert. Eine gelingende, kongruente Reaktion setzt zudem voraus, dass das Kind und die Bezugsperson einen gemeinsamen Fokus haben, auf den sie ihre Aufmerksamkeit richten, die Bezugsperson emotional verfügbar ist und ihre Reaktionen auf das Kind und die Situation abgestimmt sind, sowie ihre Anregungen für das Kind angemessen und verständlich sind (vgl. Ziegenhain 2006).

Dies sind alles Indikatoren für intuitives Elternverhalten, die auf Interaktionen zwischen der Betreuungsperson und dem Kind in der Krippe übertragen werden können. Sie haben die Funktion dem Kleinkind die affektive-integrative Verhaltensregulation zu erleichtern, die Erfahrungen zu strukturieren und die sich entwickelnden Fähigkeiten des Kindes zu unterstützen (vgl. Papoušek/Papoušek 1990 In: Domogalla S.11 ff.). Zu diesen intuitiven Kompetenzen zählt auch das kongruente Zusammenspiel von Sprache, Mimik, Gestik und Stimmlage (Punkt 5 der Nullversion). Einige Kennzeichen sind das rhythmische Wiederholen von mimischen Bewegungen, ein übertrieben wirkender Ausdruck von Erstaunen oder Freude oder auch der Augenbraungruß. Feinfühlige Bezugspersonen passen ihre Stimmlage automatisch der Situation und dem kindlichen, emotionalen Zustand an. So sprechen sie in anregender Stimmlage, um die Aufmerksamkeit des Kindes zu erlangen, oder senken diese, um das Kind zu beruhigen. Damit sich Kleinkinder besser in ihrer Umwelt orientieren können, verwenden viele Erzieherinnen Zeigegesten, wenn sie Objekte beschreiben oder einen entsprechenden Bezug herstellen möchten. Verbal sollten Begriffe häufig wiederholt werden und ebenso kann es die Emotion des Kindes auch erfordern, dass dessen kindliche Vokalisation empathisch nachgeahmt wird (VGL. Papoušek 2011).

Ainsworth (1974) hat feinfühliges Verhalten in fünf Kategorien unterteilt und in einer Skala von sehr feinfühlig, über unbeständig feinfühlig bis zur fehlenden Feinfühligkeit beschrieben (Punkt 6 der Nullversion). Sie definiert sehr feinfühliges Verhalten einer Bezugsperson mit einem empathischen Einfühlungsvermögen, das ihr ermöglicht die „Signale des Babys und seine Kommunikationen mit großer Fertigkeit und die Bedeutung selbst subtiler, minimaler und wenig offensichtlicher Merkmale zu erkennen" (Grossmann 1977, S. 104). Bei notwendigen Grenzsetzungen kann sie ebenso die Sicht des Kindes einnehmen und Mitgefühl für sein Verlangen zeigen, bevor sie ihm eine Alternative dazu anbietet. Die Reaktion einer sehr feinfühligen Bezugsperson erfolgt wechselseitig und prompt auf die Signale des Kindes und die Interaktionen sind in sich abgeschlossen und führen zu beidseitiger Zufriedenheit (vgl. ebd.). Eine unbeständig feinfühlige Bezugsperson ist phasenweise blind für die Bedürfnisse des Kindes, verzerrt diese oder ist dafür manchmal unzugänglich, obwohl sie überwiegend feinfühlig reagiert. Die fehlende Feinfühligkeit einer Bezugsperson beschreibt Ainsworth vor allem damit, dass diese „nahezu ausschließlich ihren eigenen Bedürfnissen, Stimmungen und Aktivitäten [gehorcht]" (ebd. S.107). Die Signale eines Kindes erkennt sie erst, wenn diese stark genug sind und reagiert dann nicht entsprechend diesen, sondern verzerrt oder ignoriert sie zugunsten ihrer eigenen Bedürfnisse. Die Interaktionen sind meist unvollständig (vgl. ebd.).

Es kann den Ausführungen zufolge davon ausgegangen werden, dass der feinfühlige Umgang einer Erzieherin mit den Kindern in der Krippe anhand der Abstimmung zwischen den Signalen des Kindes und der Reaktion der Erzieherin, der typischen Bindungsmerkmale und den intuitiven Kompetenzen der Erzieherin beobachtet werden kann. Die Definitionen von Feinfühligkeit von Ainsworth (1974) und Ziegenhain et al. (2011) lassen sich auf die Interaktionen im Krippenalltag übertragen und sind somit als Skalen anwendbar.

8.3 Auswertungsbeispiel „sehr feinfühlig"

	Leitfaden für die Auswertung **Video-Interaktions-Analyse zur Qualifizierung in** **Kinderkrippen (VIA-QiKi) / Reflexionsgespräch** Michaela Müller, Sozialpädagogin (M.A.)	
Kinderkrippe Zwergenwiese (Dorfkindergarten im Bayerischen Wald), Kind Anton (1,7 Jahre), Erzieherin Anette	Aufnahmetag 1 Sequenz 4	Code: A - 1 - 4

Beobachtung in der Essenssituation: Beginn: 9.30 Uhr   Ende: 9.50 Uhr
Dauer der vorliegenden Sequenz: 9 Min. 39 Sek.

Transkriptionsregeln	<ul><li>Deskription mit nur auszugsweiser Transkription (nur die für die Interpretation relevanten, verbalen Ausschnitte werden transkribiert)</li><li>Geglättet = ohne Dialekt</li><li>[unverständlich], z.B. [also ich meine?] = vermutete Wortwahl, nicht genau verständlich</li><li>auffällige Betonung – <u>unterstreichen</u></li><li>größere Lautstärke – **fett** geschrieben</li><li>.. Pause, … längere Pause</li><li>Dehnung 1. je mehr Vokale umso mehr Dehnung, z.B. jaaa, 2. Buchstaben des Wortes getrennt schreiben, z.B. a l s o</li><li>Charakterisierung nichtsprachlicher Vorgänge in Klammern, z.B. (lachen)</li><li>zugefügte Hinweise oder Anmerkungen der Interviewerin in Klammern, z.B. {mit Anette ist die Erzieherin gemeint}</li><li>Veränderte Tonlage, z.B. beim Nacherzählen von Aussagen Dritter ‚…', Frage- oder Ausrufintonation – (?)</li></ul>

1. Beschreibung der Situation:

Alle Kinder sitzen bereits an den Esstischen und manche halfen beim Austeilen der Teller und Getränke. Anton sitzt ohne die Erzieherin am Tisch, da diese gerade den Brei für einen anderen Jungen zubereitet. Die Erzieherin steht währenddessen am Ende des Tisches und ist Anton zugewandt. Als sie wiederkommt schaut er gespannt zu ihr auf. Sie fragt ihn lächelnd: „Hast du eine gute Breze (?) ist doch toll hm (?)" (freundlich, melodisch) und schiebt seinen Teller näher an ihn heran. Anton legt seine Breze darauf ab und sagt „Hunger (!)". Anette nickt und erwidert mit Blickkontakt „**Hunger, ja** (!)". Anton kaut seine Breze. Sie zeigt ihm den Brei eines weiteren Jungen, den sie gerade umrührt und sagt „Schau, das hat der Andi dabei (!), einen Brei i mit Ä p feln (!)" (lächelnd, ruhige Tonlage). Anton sagt daraufhin erneut „Hunger (!)". Anette rührt um und sagt „Obstbrei (!) Obstbrei (!)". Anton deutet auf das Schälchen mit dem Brei und sagt wieder „Hunger (!)". Anette erklärt daraufhin „das gehört dem Andi (!)". Anton greift zu seiner Trinkflasche, nachdem er das Stück Breze fertig gegessen hat und betrachtet kurz davor noch seine Hände. Anette ist ihm weiterhin zugewandt und bietet ihm Blickkontakt an, sie fragt „Brösel (?) hm". Anton nimmt seine Flasche, trinkt und wendet sich wieder in Richtung der Erzieherin. Der Junge, der auf der anderen Seite neben der Erzieherin sitzt, greift nach der Schale mit dem Brei und sagt „**Ja** (!)". Anette zieht die Schultern hoch und ahmt das „Ja" von Andi nach. Sie fragt „magst du das probieren, schon (?)". Anette beginnt Andi zu füttern. Anton beobachtet das, während er trinkt und hat den Oberkörper immer in Richtung der Erzieherin geneigt. Dann isst er weiterhin seine Breze. Die Erzieherin schaut lächelnd zu Anton, nickt ihm mit freudigem Gesichtsausdruck zu und fragt „schmeckt es mh (?)". Dieser nimmt Blickkontakt auf und hält diesen auch. Die zweite Erzieherin fragt einen weiteren Jungen am Tisch „Und der Emil, was hat der dabei (?), was ist denn das (?) ein e Bre ze (?) Butterbreze (?)". Anette schaut daraufhin zu Anton und fragt ihn „hat der Anton auch eine Breze(?) mh (?)". Anton nimmt keinen Blickkontakt zur Erzieherin auf, nickt auch nicht und isst seine Breze weiter. Nach einer Weile beobachtet Anton wieder das Breiessen seines Tischnachbarn, der von der Erzieherin viel Unterstützung braucht. Er beißt hin und wieder von seiner Breze ab und trinkt aus seiner Flasche. Ein Mädchen am Nebentisch hat sich verschluckt, Anette hört das, wendet sich ihr zu und sagt „ Ach Lena verschluckt, mh (?)". Sie spricht Anton gleich im Anschluss daran erneut an, beugt sich näher zu ihm vor und sagt mit einem Lächeln: „Und dem Anton schmeckts heute auch so gut, hm (?) heut so viel Hunger (?) ... das ist ganz gut, ja (!) ganz viel Appetit heute (!), mh" (sanfte, melodische Stimmlage). Anton kaut weiter seine Breze." Anette lobt den

Jungen, der neben Anton sitzt, beim Essen indem sie sagt „gut klappt das schon
(!) Prima (!)". Anton schaut scheinbar interessiert zu. Anette zeigt ihm den Inhalt
der Schüssel und sagt „was hat 'n der Andi (?) schon sooo viel gegessen(?), ja
(?)". Anton beugt sich aufmerksam vor und nimmt kurz Blickkontakt zu Anette
auf. Er schüttelt den Kopf. Anette wiederholt seine Antwort „nein" (?) mit einem
Lächeln, zeigt ihm erneut die Schüssel und sagt „da schau (!)" (leise, anregend).
Als Anton wieder aus seiner Flasche trinkt, und sich in seiner Sitzposition auch
der Erzieherin zuwendet, fragt diese „ist da noch was drinnen (?).. Anton in
deiner Flasche(?) hm?" (hohe Stimmlage). Er antwortet nicht. Sie fragt kurze
Zeit später nochmal, als er die Flasche abstellt „wollen wir schauen (?)" und
schüttelt daraufhin seine Trinkflasche „ja" und stellt sie wieder vor Anton ab, der
weiter trinkt. Als er sich ein zu großes Stück Breze in den Mund steckt und nicht
richtig davon abbeißen kann, bewegt er seinen Kopf nach hinten und hin und her,
als würde er was verneinen. Dann nimmt er das andere Teil der bereits zerlegten
Butterbreze und beißt davon ab. Anette lächelt ihn an, ist ihm zugewandt und in
seiner Reichweite. Nach einer Weile sieht Anton die Erzieherin an, die gerade
mit Andi spricht und sich auf diesen konzentriert. Er trinkt aus seiner Trinkflasche, lächelt und legt den Kopf zurück. Als er lange am Stück trinkt und den
Kopf weiterhin zurück legt sagt Anette: „Und der Anton hat sooo viel Durst (!)".
Sie blickt zur Türe, die sich gerade öffnet und wiederholt „sooo viel Durst (!)".
Ein Kind aus einer anderen Gruppe betritt den Raum und übergibt der Erzieherin
Anette einen Brief. Während die anderen Kinder gespannt zuschauen was sich
ereignet und dem Gespräch zwischen der Erzieherin und dem Kind folgen, dreht
sich Anton nicht zum Schauplatz um, sondern isst weiter seine Breze. Erst als
Anette das Kind neugierig fragt: „Von wem ist denn der Brief (?)", dreht sich
auch Anton zu ihr um. Nachdem das Kind wieder gegangen ist, erklärt die Erzieherin mit Blick zu Anton und diesem deutlich zugewandt nochmal „Post von der
Ingrid (!) von der roten Gruppe, mh" (deutlicher, freudiger Tonfall). Anton erwidert den Blickkontakt und sagt: „Post" (freudig). Anette nickt und wiederholt:
„Die Ingrid aus der roten Gruppe", sie gestikuliert mit den Armen zustimmend
„hat uns einen Brief geschrieben". Anton deutet zur Türe und sagt **Ingrid**". Die
Erzieherin lächelt ihn an und hilft wieder dem anderen Jungen beim Essen. Anton dreht sich wieder um, deutet zur Türe und sagt „Gruppe", die Erzieherin
beugt sich zu ihm vor, lächelt und sagt langsam und deutlich „Gruppe, rote
Gruppe … in der roten Gruppe ist die Ingrid". Weiterhin unterstützt die Erzieherin Antons Tischnachbar, während Anton versucht ein zu großes Stück Breze zu
essen und wieder den Kopf schüttelt. Anette bemerkt das und sagt „Anton abbeißen, schau mal". Sie beugt sich daraufhin zu ihm, nimmt langsam die Breze, die
ihr Anton auch gleich überlässt und führt sie zu seinem Mund. Sie sagt „abbeißen", Anton beißt in die Breze und die Erzieherin zieht daran und sagt nochmal

ermutigend „feste(!)". Als er es schafft ein Stück abzubeißen nickt sie ihm zu
und sagt sie: „Ohh, das war groß … schön beißen, ja (?)". Die Erzieherin schiebt
Anton den Teller mit der restlichen Breze näher heran.

2. Was macht diese Situation mit mir?

Welche Reaktionen werden bei mir hervorgerufen?

Einerseits macht sich Freude bemerkbar, die sich von den Kindern zu übertragen
scheint, andererseits empfinde ich Mitgefühl mit Anton, der keinen glücklichen
Eindruck macht, da er selten lacht.

Welche intuitiv begründeten Schlüsse ziehen wir aus der Beobachtung?
(Laewen/ Andres 2007)

Besonders spürbar wird in dieser Situation der wertschätzende Umgang, den die
Erzieherin mit den Kindern pflegt. Es macht den Eindruck, dass die Erziehern
sehr auf das Wohlbefinden der Kinder geachtet.

3. Abstimmung der Reaktion der Fachkraft auf die Bedürfnisse des Kindes

Kind	Erzieherin
Signale des Kindes	**Reaktion der Fachkraft**

Anton sucht den Kontakt zur Erzieherin eher verdeckt, indem er sich in ihre Richtung dreht, nimmt aber nicht immer aktiv Blickkontakt auf oder beginnt verbal zu kommunizieren (z.B. Z. 11). Manchmal sagt er ein Wort, wendet sich dann aber wieder ab.

Als zu einem späteren Zeitpunkt der Sequenz ein Kind aus der anderen Gruppe einen Brief bringt, scheint sich Anton sehr dafür zu interessieren. Er kommuniziert hier aktiv mit der Erzieherin.

Bei Schwierigkeiten mit dem Essen seiner Breze wendet er sich nicht direkt an die Erzieherin, schüttelt aber jedes Mal den Kopf oder legt ihn nach hinten und erzeugt damit Aufmerksamkeit (Z. 25ff.).

Das Bindungs- und Explorationsverhalten erscheint ausgewogen, wobei Anton sich in der Krippensituation noch nicht vollkommen sicher zu fühlen scheint.

DARAUF FOLGENDE

Die Erzieherin geht auf Antons Äußerungen immer ein, wiederholt die von ihm gesagten Worte und führt verbal aus, was sie als Bedürfnis hinter seinem Verhalten vermutet (z.B. Z.20). Die Interaktion ist wechselseitig und die Erzieherin ahmt seine Signale empathisch nach. Damit unterstützt sie Anton in seiner affektiven Verhaltensregulation und bietet ihm Rückversicherung an.

Die Erzieherin ist aufmerksam und bemerkt die Bedürfnisse von Anton, sie reagiert prompt und angemessen mit verständlichen Anregungen. Dabei ist sie in Mimik, Stimmlage und Körperhaltung lebendig, aber trotzdem ruhig und kongruent.

Der Unsicherheit des Kindes begegnet die Erzieherin, indem sie durchgängig verfügbar und zugänglich ist und darauf achtet, dass Anton positive Beziehungserfahrungen machen kann.

4. Typische Merkmale von Bindungserfahrung von Kleinkindern (Ahnert 2010 / Gaihm 2008)

	Positive Erfahrung erkennt man an:	Angemessene Reaktion der Erzieherin:
4.1 Zuwendung	Anton scheint die Kommunikation mit der Erzieherin zu genießen, wobei er wenig aktiv Kontakt aufnimmt, dies tut er eher verdeckt, indem er sich in ihre Richtung dreht, aber Blickkontakt eher vermeidet.	Die Erzieherin bemüht sich fortlaufend um Blickkontakt und führt emotional getönte verbale und nonverbale Dialoge mit Anton. Sie erkennt auch schwache Signale des Jungen und verbalisiert die Gedanken, die sie bei ihm vermutet, z.b. als er auf seine Hände blickt, fragt sie ihn ob da Brösel sind, da sie bemerkt, dass ihn was beschäftigt und sie ihm eine Kommunikation anbietet (Z. 8).
4.2 Sicherheit	Er scheint noch nicht ganz sicher im Krippenalltag zu sein, wendet sich der Erzieherin oft zu, aber nicht immer mit Blickkontakt, er lächelt kaum.	Verfügbarkeit und Zuverlässigkeit vermittelt die Erzieherin durch das Bemühen um Blickkontakt, die räumliche Nähe mit angemessenem Dialogabstand, freundliches Anlächeln und ruhiges, gleichbleibendes Verhalten in der Zuwendung.
4.3 Stressreduktion	-	-
4.4 Exploration	Anton isst seine Breze fast ganz alleine, auch wenn er sie	Die Erzieherin unterstützt ihn in seinen Fähigkeiten, indem sie

	zerlegt und rumprobieren muss bis er richtig abbeißen kann (Z. 26f.).	ihn selbst machen lässt und in sein Tun nicht eingreift. Sie bleibt aber neben ihm sitzen, ist greifbar und durch das Bemühen um Blickkontakt, einer freundlichen Mimik und dem Verbalisieren von Bedürfnissen oder Gegebenheiten auch emotional verfügbar. Sie gibt ihm die Möglichkeit zur Rückversicherung.
4.5 Aktivitätsniveau	-	-
4.6 SensorischeStimulation	-	-
4.7 Assistenz	Anton akzeptiert die Unterstützung der Erzieherin während der Essenssituation wenn er Schwierigkeiten hat.	Wenn Anton Hilfe braucht reagiert die Erzieherin zeitnah und gibt die nötige Hilfestellung. Sie kündigt ihre Unterstützung verbal an und achtet auf die Reaktionen des Kindes (z.B. Z. 38).
4.8 Selbstwirksamkeit	Anton erfährt in dieser Sequenz häufig seine eigene Wirksamkeit auf die Situation. Bereits durch indirekte Signale erzeugt er selbst die Interaktion mit der Erzieherin.	Die Erzieherin nimmt in der Sequenz jedes verbale und nonverbale Signal von Anton auf und verstärkt ihn damit in seiner Wirksamkeit.
4.9 Grenzen setzen	-	-

5. Intuitive Kompetenzen (Ziegenhain et al. 2006, S.38 Nach Papoušek 2011)

Mimik: In dieser Sequenz ist die Erzieherin durchwegs mit freundlicher und entspannter Mimik um Blickkontakt mit Anton bemüht. Ihre Mimik ist sehr lebendig, sie benutzt ihre Mundpartie und ihre Augenbrauen häufig um Ausdruck von Freude oder Mitgefühl zu beschreiben.

Stimme: Entsprechend ihrer Mimik passt sich ihre Stimmlage ebenso den kindlichen Verhaltenszuständen an. Sie ist häufig hoch und melodisch in einem ruhigen und langsamen Tonfall. Ihre Stimme klingt damit ausgeglichen und harmonisch. Wenn sie leise spricht erzeugt sie hierdurch eine positive Spannung und lenkt die Aufmerksamkeit der Kinder erregt.

Gestik: Die Erzieherin ist in ihrer Körperhaltung dem Kind zugewandt. Wenn sie Anton anspricht, beugt sie sich manchmal zu ihnen vor und verringert den Abstand zwischen ihnen. Sie gestikuliert auch, um z.b. einer Freude Nachdruck zu verleihen (Z. 34).

Sprache: Die Erzieherin verwendet einfache, verständliche Sätze und Wörter. Sie spricht bestimmte, zentrale Worte besonders deutlich aus und wiederholt diese.

6. Kennzeichen feinfühligen Verhaltens
(Grossmann 1977 Nach Ainsworth 1974 / Ziegenhain et al. 2011)

Die Erzieherin ist in der Sequenz sehr aufmerksam, obwohl sie mehrere Kinder gleichzeitig betreut, achtet sie bereits auf schwache Signale von Anton und reagiert zeitnah und angemessen darauf. Auch wenn Anton nicht alle Bemühungen der Erzieherin um eine Kommunikation oder Blickkontakt aufnimmt, bietet sie ihm diese weiterhin an ohne ihn jedoch dazu zu drängen. Damit orientiert sie sich am Rhythmus des Kindes und dessen Bedürfnissen und Entwicklungsstandes. Weiterhin bleibt sie zugänglich und aufmerksam auch für wenig offensichtliche Merkmale und nutzt diese, um mit Anton in Kommunikation zu treten und ihn zu unterstützen. Damit bemüht sie sich aktiv darum, dass Anton positive Beziehungserfahrungen in der Krippe macht und ermöglicht ihm schrittweise eine sichere Bindung. Die Reaktionen der Erzieherin erfolgen, entsprechend den Bedürfnissen des Kindes, prompt und angemessen. Es ist in der gesamten Sequenz kein negativer emotionaler Verhaltensausdruck bei der Erzieherin zu beobachten. Die Interaktionen sind in sich schlüssig und der Umgang mit dem Kind sehr feinfühlig.

If you have any concerns about our products,
you can contact us on
ProductSafety@springernature.com

In case Publisher is established outside the EU,
the EU authorized representative is:
Springer Nature Customer Service Center GmbH
Europaplatz 3, 69115 Heidelberg, Germany

Printed by Libri Plureos GmbH
in Hamburg, Germany